古代埃及的王权演变与丧葬习俗

The Development of Ancient Egyptian Kingship and Funeral Customs

张赫名 著

方志出版社
Publishing House of Local Records

图书在版编目（CIP）数据

古代埃及的王权演变与丧葬习俗/张赫名著.—北京：方志出版社，2016.11

ISBN 978－7－5144－2183－5

Ⅰ.①古… Ⅱ.①张… Ⅲ.①葬俗—研究—埃及—古代 Ⅳ.①K894.112.2

中国版本图书馆 CIP 数据核字（2016）第 281794 号

古代埃及的王权演变与丧葬习俗

著　　者： 张赫名
责任编辑： 张　昊

出 版 人： 冀祥德
出 版 者： 方志出版社
地址　北京市朝阳区潘家园东里 9 号（国家方志馆 4 层）
邮编　100021
网址　http://www.fzph.org
发　　行： 方志出版社发行中心
电话　（010）67110500
经　　销： 各地新华书店
排　　版： 北京宝蕾元科技发展有限责任公司
印　　刷： 北京京都六环印刷厂

开　　本： 700×1000　　1/16
印　　张： 12.5
字　　数： 207 千字
版　　次： 2016 年 11 月第 1 版　2016 年 11 月第 1 次印刷

ISBN 978－7－5144－2183－5　　定价：58.00 元

第五批《中国社会科学博士后文库》编委会及编辑部成员名单

序 言

博士后制度在我国落地生根已逾30年，已经成为国家人才体系建设中的重要一环。30多年来，博士后制度对推动我国人事人才体制机制改革、促进科技创新和经济社会发展发挥了重要的作用，也培养了一批国家急需的高层次创新型人才。

自1986年1月开始招收第一名博士后研究人员起，截至目前，国家已累计招收14万余名博士后研究人员，已经出站的博士后大多成为各领域的科研骨干和学术带头人。这其中，已有50余位博士后当选两院院士；众多博士后入选各类人才计划，其中，国家百千万人才工程年入选率达34.36%，国家杰出青年科学基金入选率平均达21.04%，教育部“长江学者”入选率平均达10%左右。

2015年底，国务院办公厅出台《关于改革完善博士后制度的意见》，要求各地各部门各设站单位按照党中央、国务院决策部署，牢固树立并切实贯彻创新、协调、绿色、开放、共享的发展理念，深入实施创新驱动发展战略和人才优先发展战略，完善体制机制，健全服务体系，推动博士后事业科学发展。这为我国博士后事业的进一步发展指明了方向，也为哲学社会科学领域博士后工作提出了新的研究方向。

习近平总书记在2016年5月17日全国哲学社会科学工作座谈会上发表重要讲话指出：一个国家的发展水平，既取决于自然科学发展水平，也取决于哲学社会科学发展水平。一个没有发达的自然科学的国家不可能走在世界前列，一个没有繁荣的哲学社会科学的国家也不可能走在世界前列。坚持和发展中国特色社会主义，需要不断在实践和理论上进行探索、用发展着的理论指导发展着的实践。在这个过程中，哲学社会科学具有不可替代的重要地位，哲学社会科学工作者具有不可替代的重要作用。这是党和国家领导人对包括哲学社会科学博士后在内的所有哲学社会科学领域的研究者、工作者提出的殷切希望！

中国社会科学院是中央直属的国家哲学社会科学研究机构，在哲学社会科学博士后工作领域处于领军地位。为充分调动哲学社会科学博士后研究人员科研创新积极性，展示哲学社会科学领域博士后优秀成果，提高我国哲学社会科学发展整体水平，中国社会科学院和全国博士后管理委员会于2012年联合推出了《中国社会科学博士后文库》（以下简称《文库》），每年在全国范围内择优出版博士后成果。经过多年的发展，《文库》已经成为集中、系统、全面反映我国哲学社会科学博士后优秀成果的高端学术平台，学术影响力和社会影响力逐年提高。

下一步，做好哲学社会科学博士后工作，做好《文库》工作，要认真学习领会习近平总书记系列重要讲话精神，自觉肩负起新的时代使命，锐意创新、发奋进取。为此，需做到：

第一，始终坚持马克思主义的指导地位。哲学社会科学研究离不开正确的世界观、方法论的指导。习近平总书记深刻指出：坚持以马克思主义为指导，是当代中国哲学社会科学区别于其他哲学社会科学的根本标志，必须旗帜鲜明加以坚持。马克思主义揭示了事物的本质、内在联系及发展规律，是“伟大的认识工具”，是人们观察世界、分析问题的有力思想武器。马克思主义尽管诞生在一个半多世纪之前，但在当今时代，马克思主义与新的时代实践结合起来，愈来愈显示出更加强大的生命力。哲学社会科学博士后研究人员应该更加自觉坚持马克思主义在科研工作中的指导地位，继续推进马克思主义中国化、时代化、大众化，继续发展21世纪马克思主义、当代中国马克思主义。要继续把《文库》建设成为马克思主义中国化最新理论成果的宣传、展示、交流的平台，为中国特色社会主义建设提供强有力的理论支撑。

第二，逐步树立智库意识和品牌意识。哲学社会科学肩负着回答时代命题、规划未来道路的使命。当前中央对哲学社会科学愈发重视，尤其是提出要发挥哲学社会科学在治国理政、提高改革决策水平、推进国家治理体系和治理能力现代化中的作用。从2015年开始，中央已启动了国家高端智库的建设，这对哲学社会科学博士后工作提出了更高的针对性要求，也为哲学社会科学博士后研究提供了更为广阔的应用空间。《文库》依托中国社会科学院，面向全国哲学社会科学领域博士后科研流动站、工作站的博士后征集优秀成果，入选出版的著作也代表了哲学社会科学博士后最高的学术研究水平。因此，要善于把中国社会科学院服务党和国家决策的大智库功能与《文库》的小智库功能结合起来，进而以智库意识推动品牌意识建设，最终树立《文库》的智库意识和品牌意识。

第三，积极推动中国特色哲学社会科学学术体系和话语体系建设。改革开放30多年来，我国在经济建设、政治建设、文化建设、社会建设、生态文明建设和党的建设各个领域都取得了举世瞩目的成就，比历史上任何时期都更接近中华民族伟大复兴的目标。但正如习近平总书记所指出的那样：在解读中国实践、构建中国理论上，我们应该最有发言权，但实际上我国哲学社会科学在国际上的声音还比较小，还处于有理说不出、说了传不开的境地。这里问题的实质，就是中国特色、中国特质的哲学社会科学学术体系和话语体系的缺失和建设问题。具有中国特色、中国特质的学术体系和话语体系必然是由具有中国特色、中国特质的概念、范畴和学科等组成。这一切不是凭空想象得来的，而是在中国化的马克思主义指导下，在参考我们民族特质、历史智慧的基础上再创造出来的。在这一过程中，积极吸纳儒、释、道、墨、名、法、农、杂、兵等各家学说的精髓，无疑是保存中国特色、中国特质的重要保证。换言之，不能站在历史、文化虚无主义立场搞研究。要通过《文库》积极引导哲学社会科学博士后研究人员：一方面，要积极吸收古今中外各种学术资源，坚持古为今用、洋为中用。另一方面，要以中国自己的实践为研究定位，围绕中国自己的问题，坚持问题导向，努力探索具备中国特色、中国特质的概念、范畴与理论体系，在体现继承性和民族性，体现原创性和时代性，体现系统性和专业性方面，不断加强和深化中国特色学术体系和话语体系建设。

新形势下，我国哲学社会科学地位更加重要、任务更加繁重。衷心希望广大哲学社会科学博士后工作者和博士后们，以《文库》系列著作的出版为契机，以习近平总书记在全国哲学社会科学座谈会上的讲话为根本遵循，将自身的研究工作与时代的需求结合起来，将自身的研究工作与国家和人民的召唤结合起来，以深厚的学识修养赢得尊重，以高尚的人格魅力引领风气，在为祖国、为人民立德立功立言中，在实现中华民族伟大复兴中国梦征程中，成就自我、实现价值。

是为序。

王京清

中国社会科学院副院长

中国社会科学院博士后管理委员会主任

2016 年 12 月 1 日

摘　要

古代埃及宗教是我们研究古埃及文明的一个重要内容，它是打开古代埃及文化大门的一把金钥匙。其中有关生与死的讨论一直都是古埃及人宗教信仰中的核心议题，其内容涉及人们对自然、社会、神灵、自我等诸多方面的理解和认识。面对这样一个复杂问题，我们必须选择一个恰当的角度来展示它的嬗变过程。本文希望从小处着眼，通过追溯王权的起落，来展现从古王国至新王国时期古埃及人丧葬习俗的演变，进而揭示其来世观念的演变。

来世观念的核心内容和基础是人们相信灵魂不死。古埃及人之所以认为死者会化作能够永生的灵魂主要是受到了自然的启示。在特殊的地理环境下，自然的周期性变化与古埃及人的日常生活有着极为密切的联系。在大量的循环性运动的自然现象和自然物中，太阳与尼罗河对古埃及人的影响最大，由此催生了古埃及的太阳神话和奥西里斯神话。在古埃及太阳神和奥西里斯是生命永恒的象征。古埃及人期望死者可以通过与太阳神为伴或化身奥西里斯获得永生。古埃及人将人的生命融入了循环性的宇宙规律中，为了实现这种规律的正常运作还必须依赖神王的力量。古埃及拥有特殊的神王观念，国王既是神也是人，他保证着人、社会按照宇宙的规律生活运转。人的生命作为宇宙生命的一部分不可避免地受到神王的影响。

古王国时期埃及国家统治最重要的特点就是专制主义王权十分强大，神王观念比较稳固。来世生活作为现实的幻象，不可避免地要反映出现实生活的种种情况，因此国王在来世生活中拥有常人无法企及的特权。在古王国时期，丧葬文献“金字塔文”是专属于已故国王的，在“金字塔文”里国王的死是不被承认的，而且国王还独享着“奥西里斯”的头衔。另外，国王还通过为贵族提供丧葬装备的方法，表现自己在来世生活中的力量及所拥有的特权地位。最能反映国王崇高地位的来世特权主要表现在来世去向上。古王国时期位于天国的来世生活是只有已故国王才能独享的。与国王不同，对于古王国时期的贵族官僚来说，他们的来世位于西方的冥府。为显示出国王与贵族的差别，二者的陵墓式样、祭祀持续时间的长短都是不同的。

与古王国时期相比，中王国时期的王权在一定程度上比较衰弱，地方贵族的势力则相对增强，其表现如下：第一，围绕着王权的权力斗争非常激烈；第二，国王在经济上的绝对支配地位在中王国时期动摇了；第三，国王对地方控制能力有限。王权的变化直接影响到古埃及人的来世观念，中王国时期出现了来世民主化的趋势。原本只用在已故国王身上的丧葬礼仪已被地方的大贵族所使用，而之后又逐渐地被所有有能力为自己提供必要的丧葬装备和丧葬文献的普通人所使用。在来世民主化的背景下，国王和贵族死后去向的差异逐渐消失了。中王国时期最重要的丧葬文献——《棺文》并不局限于王族使用，还被地方官员及其家族成员所使用。棺文的部分内容显示受棺文庇佑的死者都可以升入天国。

新王国时期神王观念发展最突出的特征是法老的人性身份被日益强调，法老在宗教上的神圣地位逐渐屈居于神之下。在这种背景下，人们在有关来世的问题上更倾向于依赖至高无上的神。在私人墓铭中，除了传统的自传，人们还愿意表现死者与神灵的亲密关系。另外从墓葬的装饰主题看，神灵占据了主要地位。新王国时期最重要的丧葬文献——《死者书》，也是大量祈求神灵保佑的咒语汇编。无论是黄金木乃伊面具、利塞棺、人形棺，还是“帝王谷”王陵内的铭刻、拉美西斯时期的新式贵族墓葬都体现出在来世生活中神王的重要地位已被至高无上的神所取代。正是由于对神的高度依赖，导致了人们对于死亡逐渐产生了一种畏惧和担忧的态度。

关键词： 来世观念；王权；太阳崇拜；奥西里斯；丧葬习俗

Abstract

The ancient Egyptian religion is a very important content of studying the ancient Egyptian civilization, which can play a role of the golden key to open the gate of the ancient Egyptian culture. The discussion about life and death is always a central issue, based on which we could understand how the Egyptian recognizes the nature, the society, the gods and the individual. We should display its evolution from a proper perspective, and this dissertation attempts to show the evolution of the ancient Egyptians' idea of the afterlife and funeral customs from the Old Kingdom to the New Kingdom.

The core content and foundation of the idea of the afterlife is that people believe that the soul does not die. Under the enlightenment of the nature, the idea that the dead would transform to the eternal soul was produced among the ancient Egyptians. There was a close relationship between the regular changes of the nature and the daily life of the ancient Egyptians under the special geographical environment. Among the huge amounts of regular cycles of natural phenomena, the sun and the Nile affected the Egyptians most, which led to the myth of the Sun and Osiris. The Sun God and Osiris were the eternal life symbol in ancient Egypt. The ancient Egyptians expected the dead could have eternal life through accompanying the Sun God or becoming Osiris. The life was absorbed in the cycled rhythm of the universe by the ancient Egyptians. In order to realize the regular rhythm, the ancient Egyptians had to depend on God-King, which was a special idea in ancient Egypt. The kings who guaranteed the world to work in the rhythm of the universe were both the God and the man. Therefore a man's life as a part of the lives in the universe was influenced by God-King inevitably.

The strong autocratic kingship and the stable idea of God-King were prominent characters in ancient Egypt during the Old Kingdom. As a mirror of the reality, the afterlife should reflect all kinds of things in the real life. So the kings inevitably had privileges which the ordinary people couldn't enjoy in the afterlife. The Pyramid Texts were supposed to be the special service to the deceased kings in the Old Kingdom, in which the death of the kings was not accepted, and only the deceased kings could enjoy the title of Osiris in the Pyramid Texts. In addition, the kings used to equip the nobles' tombs in order to show their unique strength and privileges in the afterlife. The most remarkable privilege that indicated the kings' outstanding status was on their sites of the afterlife. The afterlife of the nobles which was different from the deceased kings' located in the west in the Old Kingdom. Moreover, there were differences on the type of the tomb and the time that the sacrifice preserved distinguishing the kings and the nobles.

The kingship was weaker in the Middle Kingdom than that in the Old Kingdom, while the force of the local nobles strengthened relatively, which is showed by the following aspects. Firstly, the struggle for the kingship was very intense. Secondly, the absolutely dominantly economic status of the kings was shaken in the Middle Kingdom. Thirdly, the kings had limited control over the local nomes. The change of the kingship influenced the ancient Egyptian's idea of the afterlife directly, which brought about the trend of democratization of the hereafter. The funeral rites enjoyed only by the deceased kings originally were used by the local nomarches in this period. And later, they were used by the common who could afford the necessary funeral equipment and contexts. In the democratization of the hereafter, the difference on the sites of the afterlife for the deceased kings and the deceased nobles disappeared gradually. Coffin Texts which were the most important funeral literature were not only used by the royal, but also by the local nomarches and their families. Some parts of the Coffin Texts indicated that all the deceased protected by them could ascend to the heaven.

The most prominent feature in the evolution of the idea of God-King in the New Kingdom was the increasing emphasis on the humanity of the pharaohs. As a result, the holy religious status of the pharaohs suffered a serious debasement compared with (the one) of gods. In this context, on the issues relating to the afterlife people were more inclined to rely on the supreme gods. In the private epitaph, the deceased were willing to show the intimacy with gods except the traditional autobiography. In addition, according to the decorative theme of the graves, gods occupied a dominant position. The Book of the Dead which was the most important funeral literature in the New Kingdom was the collection of spells engaging in gods' help. The important situation of God-king in the afterlife had been replaced by the holy God with golden mummy masks, rishi coffins, anthropoid coffins as well as the inscription in the King Valley, the new type of the Ramesside nobles' tombs. Why The Egyptian worried about the death is obviously because they depended on gods more.

Key Words: the idea of the afterlife; kingship; sun worship; Osiris; the funeral custom

目　录

Contents

绪　论

一　研究目标及研究方法

古埃及人是一个笃信宗教的民族，关于这一点远在古代人们便早已有了清晰的认识。正如古希腊历史学家希罗多德在他的《历史》一书中所讲到的："他们（古代埃及人——引者注）比任何民族都远为相信宗教。"① 古埃及人的宗教是多神信仰，其宗教信条极为纷繁驳杂，但有关生与死的讨论却一直都是古埃及人宗教信仰中最核心的议题。古埃及人终身念念不忘的就是"永恒"的生命。他们认为死亡并不是人的存在的消灭而只是人的存在转移到了所谓的来世去了。正因为此，从古埃及史料中，我们经常可以读到某个人在活着的时候就着手凿岩建墓、筹备随葬品，以准备自己死后的"永久居所"的例子。在浩如烟海的古埃及史料中更是包含了林林总总有关来世信仰题材的文献，涵盖了古代埃及上下几千年的历史。而放眼遗留至今的古埃及遗物，小到护身符和夏勃梯雕像，大到金字塔建筑和宏伟的葬祭庙，凡此种种无不透射出古埃及人对于"永生"的虔诚信仰。这种对"永生"亘古不变的追求，使来世观念不仅成为古埃及宗教中核心的组成部分，而且也构成了古埃及人社会生活的轴心，进而催生出大量丰富而多彩的丧葬习俗。

丧葬习俗作为一种重要的社会文化现象，必然受到地理、历史、社会等多重因素的深刻影响。而在古埃及诸多影响丧葬习俗变迁的因素中，王权则起到独特而关键的作用。根据古埃及人的宗教，统治者具有神人二元身份，这便是所谓的神王观念。神王被认为具有创造、复活等与生命息

① ［古希腊］希罗多德：《历史》，王以铸译，商务印书馆 1997 年版，第 126 页。

相关的神性，而神王作为古埃及最高的统治者也享受着不同于常人的丧葬待遇。所以，在古代埃及社会神王的王权可被看作是丧葬习俗演变的风向标，王权的跌宕起伏必然相应带来丧葬习俗的不断变化。当然，鉴于史料及文化特征的连续性等多方面的考虑，本书仅把研究的内容局限于法老时代。不过，这并未割断历史的连续性，在论述的关键之处，本书仍将法老时代之前的前王朝时期及法老时代之后的后期埃及时代进行了必要的阐释。

本书旨在探索受到王权深刻影响的古埃及丧葬习俗的演变历程，其具体的研究目标主要有以下几个方面。

第一，对王权演变的事实展开详细的考察。对于古埃及法老时代王权的变化，学界一般认为经历了一个强大—衰弱—强大的过程。实际上，这只是一种宏观认识。本书将以神王的二元身份为切入点，从古埃及国王的神性地位和世俗权威两条主线，对王权的演变过程进行微观的剖析：古王国时期是王权发展的一个高峰期，神王观念大体完善起来，国王的神性和世俗地位都较为稳固。中王国时期国王的神性地位和世俗权力都受到挑战，衰落下去。到了新王国时期，表面上看国王的二元身份被恢复和强调，而实际上其神性地位发生了微妙的变化，开始屈居于神之下。这种细致的考察对于本书的研究是十分必要的，因为在古埃及强大宗教力量的笼罩之下，更多的时候国王的神性要比他的世俗地位受到人们的重视。特别是在丧葬习俗这个与宗教最密切相关的领域，国王的神性地位直接关系到某些丧葬习俗的出现与发展，所扮演的角色尤为关键和特殊。

第二，展现古埃及丧葬习俗嬗变的具体内容。本书所涉及的丧葬习俗包括古埃及人墓葬的建造、丧葬用品的装备、丧葬礼仪的传承等内容。受到王权演变的影响，这些习俗在法老时代几千年的漫长历史中不断地流变，比如主要的丧葬文适用群体在发生着改变，丧葬装备的种类和式样陆续增加；为了迎合王权的需要古埃及王陵的形制不断推陈出新，进而带动整个社会对于墓葬建造的关注；新的丧葬礼仪的出现，原有礼仪适用范围的变化以及内容的不断完善等。

第三，揭示王权与丧葬习俗关联背后的历史背景。无论是古埃及的王权还是其丧葬习俗都是在厚重的历史中孕育而生的，因此对二者关联的讨论也必然要在广阔的历史背景中进行考察，才能得到可靠、准确的证据和结论。本书所涉及的历史内容不仅有纵贯法老时期统治阶级内部的权力斗争，还包括古埃及早期文明的萌芽、法老时期古埃及的社会经济发展状况、古老的埃及文明与邻邦之间的关系等诸多史实。所有这些缔造了一个丰富多彩的历史画卷，为王权及丧葬习俗的产生和联系提供了一个广阔舞台。

第四，分析丧葬习俗背后的文化内涵。丧葬习俗是一面文化的镜子，能够清晰地折射出一个民族智慧的成果。古代埃及的丧葬习俗里便蕴藏着这个民族几千年精神文化的结晶。本书将从丧葬习俗的演变历程中分析古埃及人的宗教信仰、世界观、社会观、价值观、伦理观等内容，揭示古代埃及人对于自然与社会、神灵与自我、信仰与现实的诸多认识，从而向人们呈现出一个丰富多彩、引人入胜而又与现代人思维和文化相去甚远的古老文明的特征。

本书对于古埃及王权和丧葬习俗演变之间关联的研究是一项复杂的多学科的综合研究，要交叉运用宗教学、历史学、社会学、考古学、文化人类学等多学科的研究方法和手段。首先，我们要依据考古工作的发掘结果，将与古埃及王权和丧葬习俗相关的各种资料呈现出来，以展现这两个研究对象的基本内容。特别需要指出的是，本书研究要使用大量的古埃及原始文献，这部分工作也是需要投入最多精力的，同时希望本书的文献梳理工作能为今后国内其他相关问题的研究提供借鉴。其次，要利用历史学的分析方法，将考古发掘所获取的资料进行进一步的梳理，从而辨明王权以及丧葬习俗的起源和演变的过程，探寻其历史和文化的根源及二者之间的关系。此外，由于古埃及的王权和丧葬习俗都不是单纯的政治或信仰的问题，因此还要运用宗教学、社会学、文化人类学等学科的一些分析方法，将二者置于广阔的社会生活中加以考察，揭示各种力量变动对于二者之间关系的深刻影响。

二 学术源流回顾

本书所研究的内容涉及埃及学当中两个最重要的议题——王权和丧葬习俗。这两个议题可以说是从事埃及学研究的学者们倾注心血最多的研究领域。由于埃及学研究起步较早且资料获取便利等诸多原因，西方学者在以上两个议题的研究中所取得的成果最为丰硕。因此，对于本课题学术源流的回溯和梳理首先要从西方学者研究硕果谈起。

1901 年，韦德曼的《埃及死者的王国》一书被哈钦森翻译成英文出版。[①] 作者韦德曼是德国埃及学界鼎鼎大名的学者，他对于古代埃及宗教有着深入的研究，尽管该书仅只是一本几十页的小册子，但是对古埃及人来世观念介绍的内容却相当的专业。在这本小册子里，韦德曼以简洁和通俗的语言介绍了古埃及人对死亡的认识、“死者之地”的位置、奥西里斯信仰、灵魂观念等。不过遗憾的是，出于篇幅的限制，韦德曼在书中省略了死者在死后要接受奥西里斯审判的内容。

1935 年，伽德纳爵士在弗雷泽系列演讲[②]中发表了他对于埃及来世观念的一些想法，他的讲稿经整理以《埃及人对死亡和死者的态度》为名出版。[③] 伽德纳爵士是英国著名的埃及学家，在他长达几十年的学术生涯中出版了多部极具学术价值的埃及学专著。《埃及人对死亡和死者的态度》一书实际上只是一本仅有几十页的小册子，内容言简意赅，主要阐述了古埃及人对于死亡和死者的看法。伽德纳爵士认为，古埃及人虽然十分重视死亡，但是他们并不害怕我们通常所讲的肉体上的死亡，他们所担心是灵魂的问题，在他们看来人的真正死亡是肉体和灵魂的全部消失；埃及人并不像其他古代民族那样害怕死者，除非是这个死者有着恶劣的品质，不过使用巫术是可以克服死者所带来的灾害的。

1998 年路德·舒曼·安泰尔姆与史蒂芬·罗西尼的《成为奥西里斯：古代埃及人的死亡经历》被翻译出版。[④] 安泰尔姆是法国国家研究中心（CNRS）荣誉研究员、埃及学学者、罗浮宫学院的教授，罗西尼为专业插图制作人。二者合作出版的这本书，以新王国时期流行的丧葬文献《死者书》为主要的文献依据，配以精美的插图，描绘了古埃及各种丧葬仪式，反映了新王国时期埃及人对于死亡、灵魂及来世生活等方面的认识。

---

① K. A. Wiedemann, *The Realms of the Egyptian Dead*, trans. J. Hutchison, London: David Nutt, 1902.

② 弗雷泽系列演讲是以英国著名的人类学家詹姆斯·乔治·弗雷泽（1854—1941）的名字来命名的。英国学界为了表彰弗雷泽博士在学术上的重要贡献，特设此讲座。弗雷泽博士曾任职的牛津大学、剑桥大学、利物浦大学和格拉斯哥大学轮流举办该系列讲座，每年一次。讲座的主讲人均是在历史学、人类学、社会学或宗教学等领域具有颇高学术声望的学者。

③ Alan H. Gardiner, *The Attitude of the Ancient Egyptian to Death and the Dead*, London: Cambridge University Press, 1935.

④ Ruth Schumann Antelme and Stephane Rossini, *Becoming Osiris: The Ancient Egyptian Death Experience*, trans. Jon Graham, Rochester: Inner Traditions/Bear & Company, 1998.

英国学者约翰·H. 泰勒于 2001 年出版了《古代埃及的死亡与来世》。[①] 作者运用了大英博物馆众多闻名世界的馆藏图片，展示了古埃及人有关来世观念的信仰。他细致描绘了古埃及死者众多的陪葬物品以及繁复的丧葬礼仪，同时对那些曾经深埋于地下的木乃伊、木棺、石棺、夏勃梯雕像、巫术和仪式用的纸草、护身符、动物木乃伊等做了详尽评价。不过该书最值得重视之处在于，其内容反映了近年来新的科学技术对古埃及丧葬习俗解释的新发展，比如对包裹的木乃伊进行无伤害扫描探测，对于古埃及人尸体防腐中所使用的物质进行化学分析等。

由于语言的关系，以上我们提到的只是部分英文的专著。由于多种原因，仍有一些著作囿于条件无法见到原文，只好暂付阙如。[②] 除了众多的专著，绝大多数有关古埃及宗教的书籍，也都设有专门的章节对古埃及人来世观念进行介绍和研究。至于国外学者所发表的有关古埃及人来世观念的论文更如汗牛充栋，不可胜数。囿于篇幅，我们不能在这里一一介绍。但在下面的内容中，我们将拣选其中最具代表性的内容与观点，以资参考。

从目前国外学者对于古埃及人来世观念的研究成果来看，可谓巨细靡遗，毫不夸张地讲，对于这一研究的系统综述完全可以写一部洋洋数十万字的专著。因此如果我们在这里做一个面面俱到的学术源流回顾是完全不符合实际的。鉴于此问题，以下我们将选择几个本文所涉及的关键性问题，做学术源流上的简单回溯。

第一，对有关来世观念的丧葬文献进行整理和研究。除了考古遗迹，大量的丧葬文献是我们对于古埃及人来世观念进行认识和了解的主要依据。《金字塔文》《棺文》《死者书》是古埃及三大重要的丧葬文献，目前整理研究工作的重点也主要集中在这三者上。《金字塔文》是流行于古王国时期的为了保证去世的国王获得永生的葬礼咒语汇编，由若干片段组成，分别刻写于第五和第六王朝的金字塔内，因此而得名。从 1880—1881 年《金字塔文》被发现至今，有多位学者对其进行了整

---

① J. H. Taylor, *The Death and Afterlife in Ancient Egypt*, London: British Museum Press, 2001.

② H. Kees, *Totenglauben und Jenseitsvorstellungen der alten Ägypter*, Leipzig: Ainrichs, 1926; H. P. Cooke, *Orisis: A Study in Myths, Mysteries and Religion*, London: The C. W. Daniel Company, 1931; J. Gwyn Griffiths, *The Origins of Osiris*, Berlin: Bruno Hessling, 1966; Ange Pierre Leca and L. Asmal, *Cult of the Immortal*, London: Souvenir Press, 1980.

理或增补。[①] 这其中以德国学者塞斯所整理的《金字塔文》最受重视，该版本全为象形文字，共714组咒语，至今仍是人们研究古王国时期埃及人宗教与生活的重要参考资料，而且他对于《金字塔文》段落的划分为后世学者广泛接受。其后学者对于《金字塔文》的整理与增补多以塞斯的版本为基础。

《棺文》是流行于中王国时期的丧葬咒语汇编，目的在于为死者提供一个在来世继续生存的保证，一般刻写于贵族棺木之上，因此得名。最早对《棺文》进行完整整理的是德国学者巴克。巴克以出土于埃及广大地区的多部木棺为研究对象，从1935年至1961年，先后整理出版了七卷《棺文》，其中第一、第二卷伽德纳爵士也参加了整理与研究。[②] 该版本《棺文》全为象形文字，无翻译，共有咒语1185副，巴克的这一划分被史学界所广泛接受。不过遗憾的是，由于内容浩繁，该版本除了页边处的简单注释外并无专门的附录和注释部分。巴克之后福克纳与艾伦分别出版了各自整理的《棺文》并增加了详细的注释。[③]

《死者书》是流行于新王国时期的丧葬文献，其所包含的咒语内容常常被抄于纸草之上，与死者木乃伊置于一处，因此得名，其目的是帮助死者顺利通过奥西里斯审判从而进入来世享受幸福的生活。自1842年德国埃及学家列普修斯首次公布了藏于都灵博物馆的属于托勒密时代的《死者书》手稿之后，多个《死者书》原件被公布。[④] 此后，又有多位学者根据不同版本整理出版了英文版的《死者书》。[⑤]

古埃及的三大丧葬文献在内容上是一脉相承的，通过对它们的详细整

---

① K. Sethe, *Die altägyptischen Pyramidentext*, Leipzig: Hinrichs, 1908; Samuel A. B. Mercer, *The Pyramid Texts in Translation and Commentary*, New York: Longmans, Green & Co., 1952; Alexandre Piankoff, *The Pyramid of Unas*, Princeton: Princeton University Press, 1968; R. O. Faulkner, *The Ancient Egyptian Pyramid Texts*, Oxford, 1969; James P. Allen, *The Ancient Egyptian Pyramid Texts*, Leiden: Brill, 2005.

② Adriaan de Buck, *The Egyptian Coffin Texts*, Vol. I－VII, Chicago: Oriental Institute Publications, 1935－1961.

③ R. O. Faulkner, *The Ancient Egyptian Coffin Texts*, Vol. I－III, Warminster: Aris and Phillips Ltd., 1973－1978; James P. Allen, *The Egyptian Coffin Texts*, Chicago: Oriental Institute Publications, 2006.

④ 刘文鹏：《埃及考古学》，商务印书馆2008年版，第382页。

⑤ Ch. H. S. Davis, *The Egyptian Book of the Dead*, New York: Putnam Sors, 1894; R. O. Faulkner, *The Ancient Egyptian Book of the Dead*, London: British Unseum Publications, 1972; Patricia Corwell, *Book of the Dead*, London: Penguin Publishing Group, 2007.

理与研究，我们可以清晰地看到古埃及丧葬文献发展的大致脉络，而对于各个版本文献的系统认识，也将有助于我们使用这些资料，展开我们的研究。除了以上我们所提到的三大丧葬文献，古埃及还有许多散见的丧葬文献[①]，甚至是一些世俗文献也可以反映出古埃及人的来世观念。正是围绕着这些丰富的文献资料，埃及学的学者们逐步将古埃及人对生与死的认识展现给我们。

第二，灵魂观念。来世观念中一个核心问题是人们对于灵魂的认识。“卡”“巴”“阿赫”最集中反映了埃及人的灵魂意识，不过与来世观念的嬗变过程联系最紧密的是“卡”和“巴”。“卡”一般被学者们认为是最接近“生命力”的一个概念，与物质有着密切关系。[②] 不过与大多数人观点不同，布利斯特德认为“卡”不属于人的组成部分，而是一个守护神，控制着死者在来世中的命运。[③] 尽管对“卡”的认识存在着差异，但学者们公认的是，“卡”对于来世生活的保障最初是作为一种特权被国王享有的，这种权利后来才逐渐扩展到民众中间。[④]

一般来说，学者们将“巴”视作是最接近现代人“灵魂”的观念，它不是活人的一部分，是在人死后才出现的。[⑤] 阿斯曼认为古埃及人对于“巴”的认识与太阳崇拜和奥西里斯崇拜的相互妥协和融合有一定关系。“巴”存在的地点不在地上，而在阴间、在天上，这显然催生了古埃及人

---

① 参见霍农《古埃及人的来世之书》(Erik Hornung, *The Ancient Egyptian Books of the Afterlife*, trans. David Lorton, Ithaca, 1999)。该书汇集了古埃及众多的丧葬文献，并给予《金字塔文》《棺文》《死者书》之外的丧葬文献以重点介绍。不过很遗憾的是，作者并没有将这些文献进行详细翻译。

② Henri Frankfort, *Kingship and the God: A Study of Ancient Near Eastern Religion as the Integration of Society & Nature*, Chicago: The University of Chicago Press, 1948, pp. 62 – 69; J. H. Taylor, *The Death and Afterlife in Ancient Egypt*, London: British Museum Press, 2001, p. 19; James P. Allen, *The Ancient Egyptian Pyramid Texts*, Leiden: Brills, 2005, p. 434.

③ J. H. Breasted, *Development of Religion and Thought in Ancient Egypt*, Philadelphia: University of Pennsylvania Press, 1972, p. 52.

④ R. O. Faulkner: *Der Ka in Theologie und Königskult der Ägypter des alten Reiches* by Liselotte Greven, JEA, 1955; Siegfried Morenz, *Egyptian Religion*, trans. Ann E. Keep, New York: Cornell University Press, 1973, p. 206.

⑤ K. A. Wiedemann, *The Realms of the Egyptian Dead*, trans. J. Hutchison, Leiden, 1901, pp. 59 – 60; Henri Frankfort, *Ancient Egyptian Religion: An Interpretation*, New York: Columbia University Press, 1948, pp. 96 – 97.

认为死者可以像太阳那样循环往复从而获得永恒生命的想象。[①] 当然，"巴"在古埃及人的来世观念中并不是从一开始就受到强调，莫伦兹和阿斯曼都认为对于灵魂"巴"的重视始于中王国时期。[②]

相对于"卡"和"巴"而言，学者们对于"阿赫"的研究就相对较少了。通常学术界将其译为"转化后的灵魂"[③]。人死后成为"阿赫"就是变成一个实际的灵魂，它有着永恒的生命力，能够影响其他生灵。[④]

第三，神与来世信仰。古埃及人的来世观念涉及众多的神灵，其中以太阳神和奥西里斯在古埃及人来世观念中的地位最为重要。关于奥西里斯，学者们聚焦的第一个问题是奥西里斯信仰究竟是怎样起源的。由于年代的久远以及史料的缺乏，奥西里斯信仰起源的具体时间已无从可考。绝大多数学者认为，奥西里斯崇拜存在的最早证据出现于古王国时期，并在此时奥西里斯吸收了其他神灵的头衔和职能成为墓葬的保护神。[⑤] 同时有学者也认为："尽管奥西里斯的名字直到第五王朝才出现在《金字塔文》中，但这些文献可能更古老的版本在一个更早的时期就让奥西里斯被人们所认识了，只是用了亨悌曼提乌（流行于古埃及阿卑多斯地区的墓葬保护神——引者注）的名字。"[⑥]

此外，由于奥西里斯审判所引发的道德观念与古埃及人的来世信仰有着密切联系，因此它也成为学者们关注的问题之一，有关这部分内容我们将在下一个问题中加以详细介绍。

在古埃及的丧葬文献中保留了大量的太阳神话的内容。学者们对于太阳神与来世观念关系的探讨，主要集中在太阳神与奥西里斯谁在来世观念中起主导作用这个问题上。布利斯特德在他的《宗教与思想发展史》一书中对此做了详细的研究，他认为在《金字塔文》里奥西里斯有被太阳

① Jan Assmann, *The Search for God in Ancient Egypt*, trans. David Lorton, New York: Cornell University Press, 2001, pp. 42 – 44.

② Jan Assmann, *Death and Salvation in Ancient Egypt*, trans. David Lorton, New York: Cornell University Press, 2005, p. 92; Siegfried Morenz, *Egyptian Religion*, trans. Ann E. Keep, New York: Cornell University Press, 1973, pp. 205 – 206.

③ 蒲慕州：《法老的国度——古埃及文化史》，广西师范大学出版社 2003 年版，第 100 页。

④ J. H. Taylor, *The Death and Afterlife in Ancient Egypt*, London: British Museum Press, 2001, p. 32.

⑤ G. Hart, *A Dictionary of Egyptian Gods and Goddess*, London and New York: Routledge, 1986, pp. 152 – 154.

⑥ Toby A. H. Wilkinson, *Early Dynastic Egypt*, London and New York: Routledge, 1999, p. 292.

神化的趋势，直到中王国之后奥西里斯信仰才在古埃及人的来世观念里占据优势的地位。[①] 布奇对于布利斯特德的观念进行了进一步的补充："（大约在新王国时期）人们不仅把他（奥西里斯）看成是冥界的神灵和审判者，还把他看成是世界和万物的造物主。他本是拉神之子，现在却变成了与其父平等了的，在天上与他平起平坐。我们在《死者书》第十七章中可找到奥西里斯等同于拉神的有趣例证。"[②]

第四，对死亡的态度。生与死到底在古埃及人的心目中有着怎样的地位？尽管古埃及人在世时一直关注着来世的生活，但他们并不是一个病态的民族，事实上对死的关注恰恰反映出他们对生的眷恋。莫伦兹在他的《埃及宗教》一书中有这样一段论述："人出于动物的本能而厌恶死亡的事实，死亡剥夺了他们在世上可以轻易享有的利益——食物与饮料、行动的自由、光明、挚爱的亲人、智慧的天赋。正因如此……埃及人热爱生命。"[③]

不过死亡毕竟是一个事实，古埃及人对死亡抱着怎样的态度，上面我们曾提到的伽德纳爵士所发表的《埃及人对死亡和死者的态度》，已经做了比较宏观的描述，在此不再赘述。不过从历史发展上看，各个时期古埃及人对于死亡的态度有着微妙的变化。布利斯特德认为古埃及人由于社会动荡所产生的生不如死的悲观主义态度并不是普遍的现象。[④] 利希泰姆通过研究古埃及保留下来的几首《竖琴手之歌》[⑤]，她认为中王国时期的埃及人的确存在着对于死亡的怀疑，这带有深刻的历史烙印。不过新王国时期即使社会安定了，埃及人仍接受了怀疑死亡的认识，只是他们不像中王国时期那么悲观，徘徊在希望与绝望之间。[⑥] 与上面两位学者不同，莫伦兹通过分析古王国至托勒密时期的一些文献认为："所有这些文献无疑证

① J. H. Breasted, *Development of Religion and Thought in Ancient Egypt*, Philadelphia: University of Pennsylvania Press, 1972, pp. 142 - 164.

② E. A. W. Budge, *Egyptian Religion: Egyptian Ideas of the Future Life*, London: Routeledge & K. Paul, 1899, p. 61.

③ Siegfried Morenz, *Egyptian Religion*, trans. Ann E. Keep, New York: Cornell University Press, 1973, p. 189.

④ J. H. Breasted, *Development of Religion and Thought in Ancient Egypt*, Philadelphia: Routeledge & K. Paul, 1972, p. 203.

⑤ 古代埃及人在葬礼上举办宴会，通常会邀请竖琴手在宴会上唱歌。歌词多反映了人们对于生命和死亡的认识。

⑥ M. Lichtheim, "The Songs of the Harpers", *The Journal of Near Eastern Studies*（以下简称 JNES）, Vol. 4, 1945.

明了这样一个事实：埃及人怀疑与死后生活有关的观念、信条及风俗习惯，例如怀疑灵魂的存在、仪式可以让死者复活。”①

第五，道德与来世观念。从古埃及遗留下来的文献中可以看出，道德信条同来世有着紧密的联系，古埃及人认为只有品行端正的人才能享受来世的幸福。由于古埃及的奥西里斯信仰中包含着道德审判的内容，因此人们一般认为奥西里斯才是道德的审判者。对于这个问题布利斯特德做了一些观点上的补充，他认为奥西里斯不是从一开始就充当道德的审判者，在《金字塔文》中，拉神才是主要的道德审判者。② 对于布利斯特德的观点，布莱克曼表示赞同，在《埃及人的正义》一文中他也详述了拉神是如何充当道德审判者的。③

不过，通过古埃及人的各种丧葬文献，我们看到的都是埃及人毫无瑕疵的完美品格，显然这一点与事实是不相符合的。布莱克曼认为古埃及人实际上已经认识到了所谓罪恶的存在，但是他们害怕死后受到惩罚，因此他们拒绝承认自己曾经犯下罪恶，埃及人真正有了罪恶感的年代应该在新王国的第十九王朝。④ 富兰克弗特将这种缺乏罪孽意识的现象解释为："作恶的人不是罪人，而是一个蠢人，而且他向美好的生活方式的转变不需要忏悔，只需要更好的领悟。"⑤ 需要补充一点的是，有学者认为通过运用具有巫术性质的丧葬文献，古埃及人的道德更加堕落了。⑥ 不过应该说这只是个理论上的结果，我们没有任何资料可以证实当时古埃及人的道

① Siegfried Morenz, *Egyptian Religion*, trans. Ann E. Keep, New York: Cornell University Press, 1973, p. 189.

② 布利斯特德认为："古王国时期拉神的权威使其成为死者在来世中道德要求的发出者，在这个时期保留下来的文献中，拉神超越了奥西里斯成为主要的正义之神。"参见布利斯特德：《宗教与思想发展史》（J. H. Breasted, *Development of Religion and Thought in Ancient Egypt*, Philadelphia: University of Pennsylvania Press, 1972, p. 174.）。比如在《金字塔文》的第1774a－1776b节，死者在拉神面前接受审判（K. Sethe, *Die altägyptischen Pyramidentext*, Leipzig: J. C. Hinrich, 1908, Pyr. 1774a－1776ba.）。

③ 布莱克曼认为从古埃及的一些文献中看，拉神是作为正义的创造者出现的，他依赖着正义生存，有时还被看作是一位理想化的正直的国王（Aylward M. Blackman, *Hastings' Encyclopedia of Religion and Ethic*, 1918, pp. 792－800.）。

④ Aylward M. Blackman, *Hastings' Encyclopedia of Religion and Ethic*, 1920, pp. 544－545.

⑤ H. Frankfort, *Ancient Egyptian Religion: An Interpretation*, New York: Harper & Row Publishers, 1948, p. 73.

⑥ 布利斯特德持此观点，在他的《宗教与思想发展史》《古代埃及人的历史》等著作中，他都极力表达了此种认识。

德变化的具体状况。

从以上我们所做的简要综述上看，国外学者对于古埃及人来世观念的研究十分深入和细致，只是迫于篇幅限制，我们只能选取最具代表性的问题和观点。与国外众多的学术成果相比，国内的研究现状则稍显滞后，这主要是由于中国的埃及学研究起步较晚，在资料来源方面又不具备国外的便利条件。到目前为止，国内尚无介绍古代埃及人来世观念的专著出版。但是可喜的是，国内学者在有关古埃及历史的著作中都对古埃及人的来世观念做了程度不同的介绍，同时还有多篇论文相继发表。对于古埃及人来世观念介绍最为详细的是刘文鹏先生的《古代埃及史》一书，他在书中详尽介绍了古埃及人各个时期丧葬观念及丧葬习俗的演变，提到了不同神灵信仰的发展同这些演变的关系。刘先生的另一本专著《埃及考古学》包含着大量有关古埃及人丧葬习俗的知识，此书同样从历史发展的角度展现了埃及人来世观念的变革。《世界上古史纲》（上册）和周启迪《古代埃及史》对古埃及人来世观念的一些内容做了概况式的介绍。在颜海英《守望和谐——古埃及文明探秘》一书中，作者在介绍古埃及太阳神、冥神（奥西里斯）和真理女神（玛阿特）的过程中，谈到了一些古埃及人来世观念的内容。作者还分析和介绍了《死者书》中反映出来的古埃及人的时间和空间概念，以及对来世的种种认识。这里我们要特别提及一位中国台湾的埃及学学者蒲慕州。蒲慕州为美国布朗大学埃及学研究所、约翰霍普金斯大学近东研究所硕士（1978 年）、埃及学博士（1984 年）。他在《法老的国度——古埃及文化史》一书中，提到了古埃及人对于来世的认识在不同时期想法是不同的：古王国时期死去的国王会去天上，一般人会去西方；但从新王国时期的《死者书》里看，来世也可能在东方。[①]不过蒲慕州在著作中对这些内容只是简单举例予以证明，并未就其背后的原因做出分析。

目前国内有关古埃及人来世观念的论文主要有刘文鹏先生《前王朝至早王朝时代埃及墓葬的发展》《金字塔建筑的演进与衰落》《古代埃及与中国的丧葬习俗之类比研究》，令狐若明《古埃及宗教的发展历程》，金寿福《征服死亡的尝试：论古埃及人制作木乃伊的动机和目的》《在希望与绝望之间——论古代埃及人来世观念的产生和发展》《古代埃及人的

① 蒲慕州：《法老的国度——古埃及文化史》，广西师范大学出版社 2003 年版，第 96—98 页。

来世观念与王陵内外部构造的关系》《今生与永恒：古埃及人的今生在其永恒概念中的位置》，阴玺《俄赛里斯——古埃及的冥神和丰产神》等。

刘文鹏先生的《前王朝至早王朝时代埃及墓葬的发展》《金字塔建筑的演进与衰落》二文主要论述了古代埃及早期墓葬的墓穴、陪葬物等的发展演变，其间涉及这一时期古埃及人对灵魂不死和来世永恒观念的认识，同时展现出古埃及人来世观念同自然崇拜、祖先崇拜的关系，也揭示了阶级分化和王权形成的社会现象。《古代埃及与中国的丧葬习俗之类比研究》一文，刘先生主要是对古代中国与古代埃及丧葬习俗中尸体防腐、面具使用、陪葬模型人物三个方面做以类比。刘先生认为从古埃及墓葬形制可以看出，古埃及人对于死后“永恒世界”的认识与太阳崇拜有着密不可分的联系，表现了埃及人期望死后可以升天的强烈愿望。在尸体防腐和陪葬物品方面，埃及人更显示出巫术与丧葬礼仪的紧密联系，这些可以反映出古埃及人有着更甚于中国人的来世观念。

令狐若明教授的《古埃及宗教的发展历程》介绍了古埃及宗教发展的历史和概况，其中介绍了历史演变对太阳神信仰和奥西里斯信仰的深刻影响，而这两位神灵在古埃及人来世观念中的地位是极为重要的。金寿福的《在希望与绝望之间——论古代埃及人来世观念的产生和发展》《古代埃及人的来世观念与王陵内外部构造的关系》《今生与永恒：古埃及人的今生在其永恒概念中的位置》三文都是讨论有关古埃及人来世观念问题的。前者的侧重点在于探讨来世观念的发展与演变。金寿福认为尽管在古埃及几千年的历史中人们始终没有放弃对来世的追求，但随着时间与环境的变化，古埃及人的来世观也经历了一个从坚信到动摇再到怀疑的发展过程。《古代埃及人的来世观念与王陵内外部构造的关系》一文以古埃及国王陵墓的建筑形式发展史为线索，研究了法老时代不同时期所盛行的来世观念对于古埃及国王墓葬形制变化的影响。《今生与永恒：古埃及人的今生在其永恒概念中的位置》一文以古王国时期一座官员墓葬为研究对象，介绍了现实生活在古埃及人来世观念中的地位。金教授认为古埃及人的今生是来世的蓝本和依据，古埃及人希望死者通过与生者保持的密切联系和合作关系，在无限的时空中获得永恒的生命。阴玺的《俄赛里斯——古埃及的冥神和丰产神》主要介绍了与古埃及人来世观念有着密切关系的奥西里斯信仰的发展历程。

除了以上提到的这几篇论文，还有几篇论文部分内容涉及古埃及人的来世观念。郭丹彤的《论古代埃及人的创世说》提到了古埃及人所向往的死者的“永恒之地”在不同时期是不同的。史海波的《古代埃及玛阿特简论》提到了古埃及宗教中的玛阿特观念所代表的道德准则与永生追求有着密切联系。李模的《游刃于宗教和世俗两个社会的神仆们——〈古代埃及文献〉中的祭司职能》介绍了古埃及祭司的丧葬职能。周洪祥的《古代埃及的伦理与宗教》中涉及永生与道德的关系。

有关古埃及人来世观念的国内研究成果除了以上的著作片段和论文之外，近年来还有三本国外经典的有关古埃及宗教研究的译著出版，分别是郭丹彤翻译的《人类思想发展史——关于古代近东思辨思想的讨论》（黑龙江人民出版社，2005 年），郭子林等翻译的《古代埃及宗教》（上海三联书店，2005 年）和《王权与神祇》（上海三联书店，2007 年），这三本译著中也有很多的内容涉及来世观念的一些内容。以上研究成果将会为今后国内对于古代埃及人来世观念的研究提供有益的支持与帮助，相信在不久的将来随着国内埃及学的发展壮大，在这一领域内的研究成果会越来越多。

三　本文研究的重点问题

本文的研究目标是通过对古埃及人来世地点变化的研究，展现出古埃及人来世观念的一些嬗变内容，进而揭示古埃及社会历史对于宗教观念演变发展的一些重要影响。在这一研究过程中，大致包含着以下几个需要重点关注的问题。

首先，考察古埃及人的来世地点的变化。其实从很早起，一些从事埃及学研究的学者们就注意到了这个问题。[①] 不过除了布利斯特德在《古代埃及宗教与思想发展史》一书中对于古埃及人所认为的来世地点的变化有着相对较多的介绍外，其他学者大多只是用寥寥数语带过。针对这一情况，本文将通过对古埃及所遗留下来的各种文献，特别是三大丧葬文献的研究，着重考察从古王国至新王国时期，古埃及人对来世认识的变化：古

① K. A. Wiedemann, *The Realms of the Egyptian Dead*, trans. J. Hutchison, London: David Nutt, 1901, pp. 18 – 34; J. H. Breasted, *Development of Religion and Thought in Ancient Egypt*, Philadelphia: University of Pennsylvania Press, 1972, pp. 70 – 164; Siegfried Morenz, *Egyptian Religion*, trans. Ann E. Keep, New York: Cornell University Press, 1973, pp. 207 – 208.

王国时期只有国王可以在死后升入天国，其他人只能去西方。中王国时期死后升天不再是国王的特权，包括国王在内的所有死者都有权升入天国，但同时也可以进入地下的冥府。到了新王国时期，所有的死者包括法老要首先通过在冥府中进行的奥西里斯审判，之后才能跟随太阳神升入天空实现永生，这时的来世生活实际上是一个冥府与天国相融合的过程。从以上内容可以看出，古埃及人对于来世的认识其实经历了一个从强调天国到重视冥府的演化过程。

其次，展现与来世地点变化有关的古埃及人来世信仰的嬗变事实。随着来世地点的变化，古埃及人来世观念的其他方面，如对于灵魂的认识、对于死亡的态度、对丧葬习俗的设立等方面的内容也发生了一定程度的改变。为了符合来世地点从天上到地下的转变，同时也为了适应来世生活民主化的过程，埃及人从早期的对生命力“卡”的特别强调，逐渐转变为对灵魂“巴”的重视；来世主要场所从太阳神居住的天上逐渐转为奥西里斯所统治的地下王国，古埃及人在这一变化过程里增加了很多对晦暗的来世危险与恐惧的认识，这一变化体现出他们对于死亡以及死后生活的态度由乐观坚信逐渐转为徘徊在悲观疑虑的边缘上。来世地点的转变，包含着来世信仰里对于不同神灵崇拜的侧重，加之人们对于灵魂、死亡认识的改变，这些都促成了丧葬习俗的发展，例如古埃及人日益强调道德在进入来世条件中的重要意义、与来世信仰相关的奥西里斯节庆盛行、新的丧葬装备以适应变化中的灵魂观念等。正如我们前面所提到的，来世信仰所涉及问题的范围较为广泛，这些问题之间存在着紧密的联系，其中某一方面的变化都将引起其他方面的相应变动。本文是以来世地点的变化为研究切入点，而与此联系最为紧密的来世信仰内容主要是以上我们所提到的三个方面，即对于灵魂的理解、对死亡的态度和丧葬习俗的演变，因此本文通过来世地点的转变问题所展现出来的埃及人来世信仰的嬗变事实，也主要集中在这三方面内容上。

最后，揭示来世信仰嬗变背后的客观原因。本文的研究目标不仅限于对古埃及人来世信仰嬗变过程的展现，更主要的目的在于揭示来世信仰演变背后所隐藏的客观原因。作为宗教信仰的一个重要组成部分，来世观念不可避免地要受到跌宕起伏的社会历史的深刻影响。国王在来世生活中某些特权的逐步丧失及多神信仰中不同神灵崇拜的发展，直接导致了古埃及人来世信仰的演变。而不论是权利的丧失还是信仰的发展，其背后隐藏着的是古埃及历史的治乱交替、王权的演变等一系列社会现实问题，这些正是本文研究所要揭示的最终问题，即那些导致古埃及人信仰发生改变的终极原因。在这里我们不得不再次提及前述的布利斯特德教授的《古代埃及宗教与思想发展史》一书。布利斯特德教授在该书中也曾多次论及了有关古埃及来世地点的演变，不过对导致这一变化原因的研究，他重点关注的只是宗教与道德思想发展情况这样的小背景，而对于广阔的社会生活这样的大背景则很少涉及。本文的研究希望在这一方面得以加强，将现实世界的种种变迁同人们对来世认识的诸多变化紧密联系，找出古埃及人来世观念发生嬗变的社会历史原因。

宗教信仰是一个复杂的社会文化现象，对于它的研究不能只局限在宗教一个单一的领域内，其还涉及历史学、社会学、考古学等多学科的交叉研究。本文的研究对象虽为来世观念，但作为宗教信仰的重要组成部分，对于它的研究必然也要遵循宗教研究的基本方法。首先，我们要依据考古工作的发掘结果，将与宗教信仰密切相关的各种资料呈现出来，以展现古埃及人在来世观念方面的基本信仰。其次，要利用历史学的分析方法，将考古发掘所获取的资料进行进一步的梳理，从而辨明古埃及人来世信仰的起源和演变的过程，探寻其历史和文化的根源。此外，还要运用社会学的一些分析方法，将发生不断演变的古埃及人来世信仰置于广阔的社会生活中，揭示社会中各种力量变动对于宗教信仰的深刻影响。总之本文的研究要涉及宗教学、历史学、社会学、考古学等多学科的研究方法和手段。

第一章　古代埃及人的来世观念

来世观念的核心内容和存在的基石是人们相信灵魂不死。在整个人类历史上，几乎所有的民族都曾产生过关于人死后“灵魂”可以继续存活的信仰，古代埃及人就是这样的民族之一。灵魂不死的观念催生了古埃及人对于来世生活的种种遐想，他们的来世观念也就由此而产生。不过从唯物史观、宗教学和考古学的综合研究上看，人们对于来世的遐想不过是现实生活的一种幻象式反映。因此，古埃及人对于自然、社会等诸多方面的认识不可避免地在其来世观念中留下深刻的烙印，他们对于自然的敬畏、对于神王的尊崇在很多方面与其来世观念有着千丝万缕的联系。也正因为这样，古埃及人的来世观念与自然崇拜和神王崇拜都有着紧密的联系。

一　灵魂不死的观念

在上古历史中，可能我们再也找不到像古代埃及人这样重视死亡、笃信灵魂不死的民族了。古代埃及人认为来世的生活是对现实生活的一种延续，死与生一样属于人在宇宙中存在的特定阶段。死者由于具备了超自然的精神或灵魂，得以在来世中复活永生。而死者被幻想出来的所具有的超自然的力量使他们受到生者的顶礼膜拜，在这一点上古代埃及人与所有笃信灵魂不死的古代民族无异。不过受到埃及特有的文化环境的影响，与灵魂不死观念有关的丧葬习俗则保持了古代埃及自身的特色。

1. 死者的灵魂

根据人类学、宗教学、民族学的新发现，灵魂观念无可怀疑地被证实为是人类最早的宗教观念。[①] 我们从考古成果中可以获知，早在原始社

---

① 吕大吉：《宗教学通论》，中国社会科学出版社 1989 年版，第 337 页。

会，原始人的墓葬就表明了那时人类已有了某种关于灵魂不死和死后生活的遐想。古代埃及作为人类文明最早的发祥地之一，它的一些属于新石器时代和前王朝铜石并用时代的墓葬就表明了从很早开始埃及人便有了对于灵魂的认识。

埃及北部的奥玛里文化遗址是公元前4600—公元前4350年的新石器时代的文化遗址。考古学者在该遗址的居住地内部发现有坟墓，墓穴的陪葬物甚少，但是在一个或许是重要人物的墓中发现了存储谷物的篮子。[①]而前王朝时期（约公元前4500—公元前3100年），“所有陵墓内都发现有陶罐和碗，而且里面盛有食物和饮料。”[②] 对于早期人类在墓葬中随葬物品尤其是食物的做法，布兰顿解释为：“埋葬死人……含有特别关心死亡和死者的意思。如有随葬食物或其他器物的情况，我们就有理由设想其中必定含有一种死后继续存在的观念。”[③] 从这一方面来看，古代埃及人相信灵魂存在的看法，早在他们进入文明时代之前便业已存在了。

古埃及人认为，人的肉体死亡并不是人的存在的消失，死者的灵魂在个人肉体死亡之后可以转到所谓的来世继续生活下去，从而使人获得永生。在进入文明时代之后，古埃及人对于死者灵魂的崇信得到了进一步的发展，多个与永生相关的超自然精神或灵魂的概念在这时出现，它们分别是“卡”（ka）、“巴”（ba）、“阿赫”（akh）。这三个概念虽然都属于古埃及人所幻想出来的灵魂的范畴，但它们有着不同的特质，它们既相区别又相联系，共同促成了死者在来世中的永生。因此，弄清“卡”“巴”“阿赫”各自的具体意义将是我们理解古埃及人来世观念的关键性问题。

“卡”在古埃及象形文字中是用两只上举的双臂与张开的双手“𓂓”这个象形符号来表示的。[④] 这个符号有着深刻的神学意义。在古埃及流行的赫利奥坡里斯创世神学中，有这样一段内容：“阿图姆—凯普利，你高高地来到（原始）小丘之上；你如同奔鸟一样升起在赫利奥坡里斯奔奔府邸中的奔奔石头上；你吐出舒，你咳出泰富努特。你把你的双臂放在象征‘卡’的双臂周围，以使你的‘卡’进入到他们之中。”[⑤] 这里所谓的

① 刘文鹏：《埃及考古学》，生活·读书·新知三联书店2008年版，第17—18页。

② ［埃］穆斯塔法·埃尔-埃米尔：《埃及考古学》，科学出版社1959年版，第6页。

③ 转引自吕大吉：《宗教学通论》，中国社会科学出版社1989年版，第347页。

④ J. H. Taylor, *The Death and Afterlife in Ancient Egypt*, London: British Museum Press, 2001, p. 18.

⑤ J. B. Pritchard ed., *Ancient Near Eastern Texts*, Princeton: Princeton University Press, 1955, p. 3.

“双臂放在象征‘卡’的双臂周围”和“你的‘卡’进入到他们之中”意指创世神阿图姆将其生命力赐予他最初的创造物，因此“卡”（抑或说“𓂓”这个象形符号）具备“生命力”这样一个含义。同样也是流行于古埃及的孟菲斯神学，其内容也证明了“卡”与“生命力”存在着天然的联系：“伟大的普塔经由他的心和舌赐给所有的神明和他们的‘卡’以生命。”[1]

代表着生命力的“卡”与肉体的人之间存在着一种类似双胞胎的关系。在卢克索一幅保留有公羊神克努姆陶轮造人的壁画，描绘了神灵在塑造幼年国王的同时，也塑造了与国王面目一模一样的国王的“卡”。此外，还有许多埃及的古物铭刻印证了“卡”与人一同出生，并有着同样的容貌。[2] 尽管“卡”与人之间有着这样特殊的关系，但“卡”绝不能被视为是人的肉体复制品，从下面这段文献中，有关“卡”与人之间更加确切的关系我们可以窥得一斑：“他的‘卡’，是上下埃及之主，徘徊在他的居住地，在辉煌的住宅里。”[3] 可以看出，对于古埃及人而言，“卡”既是人本身，同时也独立于人之外并高于人，但作为人的对应物他又与人之间存在着密切的联系。从某种角度上来说，在“卡”与人这种深奥而复杂的关系中，无论是人的肉体，还是那些用来表现“卡”的、与人有着同样容貌的雕刻，都不过是为了表明某个个体具备“卡”这种力量，它们都不过是充当了“卡”的寄居之所。因此“卡”的存在并不依赖肉体的不朽，但是肉体的存活却离不开“卡”。代表着生命力的“卡”所拥有的这种巨大的活力，并不会随着肉体的死亡而消失，相反它可以穿越生与死的界限，在人死后首先来到所谓的来世，以便死者能够继续享有它进而获得永生。[4] 在古埃及的丧葬文献中，死亡常常被描绘成一个人“去往

---

① 蒲慕州编译：《尼罗河畔的文采——古埃及作品选》，远流出版事业股份有限公司1993年版，第134页。

② 比如位于戴尔巴哈里的哈特舍普苏特女王的葬祭庙中，有浮雕描绘了哈特舍普苏特与其“卡”一同出生，并在其“卡”的陪伴下制作香料供品，而哈特舍普苏特的“卡”与其本人有着同样的相貌。参见韦德曼：《古代埃及人的宗教》（A. Wiedemann, *Religion of the Ancient Egyptian*, London: H. Grevel & CO., 1897, p. 162.）和《古代埃及不朽的教义》（A. Weidemann, *Ancient Egyptian Doctrine of the Immortality*, London: H. Grevel & CO., 1895, p. 12）。

③ A. Weidemann, *Ancient Egyptian Doctrine of the Immortality*, London: H. Grevel & CO., 1895, p. 16.

④ J. H. Breasted, *Development of Religion and Thought in Ancient Egypt*, Philadelphia: University of Pennsylvania Press, 1972, p. 52.

他的‘卡’那里”。

虽然“卡”是一种卓越的生命力量，但它要在今生与来世的漫长历程中发挥作用，保证人的永生，就必须得到持续的物质保障和供给，也就是说对“卡”的维系需要食物、饮料等物质支持。“从语义学证据来看，‘卡’与食物、农业之间的基本联系是显而易见的，因为‘卡’的发音成为几个相关单词，如食物或营养品、农作物、耕田发音中的一个组成部分。”[①] 在墓葬当中，“卡”对食物等的物质依赖性更加明显。墓室壁画常常描绘的是死者的“卡”在享用祭品。而在丧葬文献中，食物祭品被指明是献给死者的“卡”的：“国王赐予的供品献给乌尼斯的‘卡’。”[②]

至此，我们对第一个与古埃及死者灵魂有关的概念——“卡”的意义和特质做一下总结：“卡”代表着超凡的生命力；是神在创世之初就赋予世界的，它不仅属于神也属于人，不仅属于生者也属于死者；它如影随形地跟随着人从出生到永生；它可以在父辈与子孙后代中传承，同时也蕴藏在食物、饮料等物质当中。

第二个与古埃及死者灵魂密切相关的概念是“巴”。“‘巴’通常被译为‘灵魂’。象征着死者仍然活着，其形为人头的鸟。”[③] 尽管“巴”与“卡”一样，都是与死者灵魂有着密切关系的概念，但两者在特征上存在着诸多的差异。也许从以下一段文献中，我们可以得出一些对于“巴”的认识。

> “你进进出出，你的心是欢悦的，在众神之主的偏爱下，一个可敬的老年之后，一个美好的丧葬（属于你），当年龄已来到时，你设想你的地方在棺中，并加入西部台地。
>
> 你将变成活的巴，并确信他将有能力获得面包、水和空气；而且你将表现为一只鹭或燕子的形态，表现为一只隼鹰或一只麻雀的形态，表现为无论你喜欢的哪一种形态。
>
> 你将在渡船上穿越，而且不会停止向前；你在洪水之上航行。你的生命将再次升起。你的巴不会从你的尸体中离开，你的巴将与可敬的死亡一起变成神圣的。极好的巴将会对你讲话，而且在获得地上给

---

① J. H. Taylor, *The Death and Afterlife in Ancient Egypt*, London: British Museum Press, 2001, p. 19.

② James P. Allen, *The Ancient Egyptian Pyramid Texts*, Leiden: Brill, 2005, p. 21.

③ 刘文鹏：《古代埃及史》，商务印书馆2002年版，第229页。

予的东西时你与他们是平等的。你将有能力喝水、呼吸空气，并完全满足你内心的渴望。将给你用于看的眼睛、用于听的耳朵、用于说话的嘴以及用于走路的脚。你的胳膊和肩膀将因为你而运动，你的肌肤将是坚实的，你的肌肉将是有人性的；而且你将用四肢表示欢欣鼓舞。你将检查你的躯体，发现他是完整而健康的，没有任何疾病附于你身。你自己真正的心将与你在一起，是的，你将有你以前的心。你将升上天空，并将以所有你所喜欢的形式穿入阴间。"①

根据上面这段文献，"巴"这个概念可以被这样来理解：其一，"巴"并不像"卡"那样，从人一出生就已存在了，"巴"只是在人死后才会出现，关于这一点我们可以从死者"加入西部台地"后才"变成活的'巴'"的这部分内容中看出来。其二，"巴"具有自己的形象，它被古埃及人描绘成鸟形，更确切地说，"巴"是一只人头鸟。古埃及各种纪念物保存着对于"巴"的许多描述，"巴"有着人的头颅，面容与死者相同，身体是鸟形，有时鸟的翅膀也可表现为人的胳膊。在这一点上，"巴"与无具体形式、完全抽象化的"卡"是不同的。其三，"巴"有着可自由活动的能力，正如上面文献所说，"巴"既能升入天空也能进入阴间。这就意味着变成了"巴"的死者具备了一种能力，不受墓葬的限制自由地在天地间游弋。这是"巴"所具有的一个最为重要的特征。其四，"巴"与死者的尸体保持着一种密切的联系。尽管"巴"可以离开墓穴自由地活动，但它最终还是要返回墓葬，与死者的木乃伊待在一起，比如有许多埃及古物就是表现"巴"沿墓道回到安葬死者木乃伊的墓室，并守护在死者木乃伊的身旁。②"巴"需要一个尸体的特征是为了保持它的身份③，从这个意义上讲，人死后完整的个体是由"巴"和尸体共同组成的，由此我们也能够理解为什么死者有时也被称为"巴"。

"巴"虽然在特征上与"卡"存在着诸多的差别，但两者并不是毫无关联的。上面的文献提到："你将变成活的'巴'，并确信他将有能

① A. Gardiner, *The Attitude of the Ancient Egyptians to Death and the Dead*, Cambridge: Cambridge University Press, 1935, pp. 29 – 30.

② A. Weidemann, *Ancient Egyptian Doctrine of the Immortality*, London: H. Grevel & CO., 1895, p. 34.

③ H. Frankfort, *Kingship and the Gods: A Study of Ancient Near Eastern Religion as the Integration of Society and Nature*, Chicago and London: University of Chicago Press, 1978, p. 64.

力获得面包、水和空气……你将有能力喝水、呼吸空气，并完全满足你内心的渴望。”前面在对“卡”的分析中我们知晓食物和饮料在逻辑上是献给死者的“卡”的，如果将上述引文理解为祭品是提供给“巴”的，这明显与前面我们所做出的判断产生矛盾。但如果“巴”被看作是“卡”得以维系的一个媒介，那么这种矛盾便不复存在了。人活着的时候，“卡”可以通过人的吃喝获得滋养，然而肉体一旦死去便再也不能吃喝了。假设可以自由活动的“巴”能够吃喝获取给养，那么它便成为“卡”在来世得以维系的一个媒介。事实证明这种假设是完全符合逻辑的，在一个墓葬绘画中，“巴”栖息在一个池塘上，池塘被包含在丧葬场面中，以补充饮品，在这里“巴”可以饮用由一位女神从树上倒下来的水。[①] 作为“卡”得以维系的媒介，“巴”使“卡”获得物质支持，而当“卡”与“巴”结合在一起时，有关死者灵魂的第三个概念——“阿赫”便显现出来。

“阿赫”这个单词“在象形文字中被写作是一个带有羽冠的鹮的符号。”[②] “它用来特指位于阴间的死者个体以及这些死者的存在状态。”[③] 尽管“阿赫”被写作鹮的符号，但并不代表它就被看作是一只鸟，实际上“阿赫”与“卡”一样并不具有形象。不过同“巴”一样，“阿赫”只与死者相联系。在古埃及宗教中，有时一些神灵也被形容为“阿赫”：“太阳神阿图姆，你从阿赫特（死者成为‘阿赫’的地方——引者注）中升起，在那里你也变成了阿赫。”[④] 将神灵与“阿赫”相联系，赋予了“阿赫”更深的含义，即“阿赫”中蕴藏着神所具备的创造与再生的能力。于是在古埃及人看来，当死者变成“阿赫”时也就获取了类似神灵所具有的那种再生的能力，进而达到永生的境界。不过，正如前面我们所分析的，死者永恒生命的获取同样离不开“卡”与“巴”的共同作用，当这二者结合在一起促成具有永恒生命的灵魂的出现时，我们完全有理由将这种状态视作为死者成为“阿赫”的过程，从这个意义上讲，将“阿

① H. Frankfort, *Kingship and the Gods: A Study of Ancient Near Eastern Religion as the Integration of Society and Nature*, Chicago and London: University of Chicago Press, 1978, p. 63.

② A. Gardiner, *Egyptian Grammar*, Oxford: Oxford University Press, 1957, p. 470.

③ J. H. Taylor, *The Death and Afterlife in Ancient Egypt*, London: British Museum Press, 2001, p. 31.

④ James P. Allen (trans.), *The Ancient Egyptian Pyramid Texts*, Leiden: Brill, 2005, p. 33.

赫”译作为“转化后的灵魂”[1] 是非常有道理的。

“卡”“巴”“阿赫”这三个与死者灵魂相关的概念，在意义上并不相同，但彼此之间却并不排斥，它们代表了古埃及人所认为的死者的不同方面。此外，这三个概念也并不是一成不变的，尽管其核心内容大体如此，但随着时代的变迁，古埃及人对它们的认识也有着些许的变化。在后面的内容中，我们将看到这些概念的变化与古埃及人对来世认识的变迁有着千丝万缕的联系。

2. 人获得永生需要的条件

在古埃及人看来，死者若想到达所谓的来世并获得永生，需要依赖“卡”“巴”“阿赫”这些灵魂形式。然而从生者到灵魂的转变，以及灵魂在来世中的可靠维系都并不是毫无条件的。为了让死者的灵魂在来世中获得超凡的力量并安全地避过种种危险，从而享受到永生的幸福，一些适当的准备是十分必要的。

首先要建造一个好的坟墓。坟墓是死者永恒的生命存在的场所，因此在古埃及语里坟墓有“永恒的居所”之称。[2] 作为死者存在和活动的地点，坟墓不仅要有良好的选址和坚固的结构，而且还要有精美的装修和完善的配备。用来展示生活场景和对来世幻想的绘画与浮雕、安放木乃伊的棺木及各种随葬的物品，这些都是古埃及人在筹备墓葬时所十分看重的。从众多的古埃及文献中可以得知，建造并装备一个好的坟墓被古埃及人所反复强调，死者如果能被葬于一个被准备好的墓葬中，将被看作是一件幸事。

> “一个石质金字塔为我在金字塔之间而建。建造墓葬的工匠建造它。最佳的画师在其中作画，头等雕匠为之雕刻，墓园总管忙于对它的巡视。所有的陪葬品都安排妥当。献祭祭司也分配给我。丧葬用的领地已为我准备好。它包括几块土地和一座花园，它们位于一个适当的位置，和一等官员所得相同。我的雕像有金质饰品，包银衣着。这些都是因国王陛下的命令而造。”[3]

---

① 蒲慕州：《法老的国度——古埃及文化史》，广西师范大学出版社 2003 年版，第 100 页。

② J. H. Taylor, *The Death and Afterlife in Ancient Egypt*, London: British Museum Press, 2001, p. 12.

③ M. Lichtheim, *Ancient Egyptian Literature*, Vol. I, London: University of California, 1975, p. 233.

这段出自古埃及著名散文作品《辛努赫的故事》的片段，集中反映了古埃及人对于建造墓葬的重视以及获得一个设施完备墓葬时的欣喜之情。这种对墓葬的高度重视源自于坟墓本身在死者的来世生活中的重要地位和作用。

> “我的继承人，愿你发达！如果你们做任何事破坏我这墓，同样的事会发生在你们的身上。”
>
> “这墓是我在西方的墓地中造的，位于洁净而适中的地方。任何贵人、任何官员、任何人，若从此墓取走任何一块石头或砖头，我会在大神面前求公道，我将如抓一只鸟的脖子那样抓着他的脖子，我会令所有世上的人害怕那在西方的精灵。”
>
> “哦！你们活在世上的人，将出生的孩子，顺流而下，逆流而上，夕屋之主威普瓦卫（Wepwawet，古代埃及一位与丧葬有关的神灵——引者注）的追随者，经过这处河曲，进入这座坟墓，见到其中的东西的人，正如夕屋之主威普瓦卫和墓穴之主阿努比斯保佑你们，你们也应该替特飞比大公的祭典祈祷。”①

上面这三段文献分别出自古王国时期的《安赫玛霍墓铭》《南基墓铭》和《特飞比碑铭》。这三段文献证明，坟墓对于死者来说具备两个极为重要的作用，一是使死者免受盗贼的侵害，二是提供一个祭祀死者的场所。坟墓的这两大作用与死者的“巴”和“卡”有着极为密切的关系。坟墓保护死者主要是为了保障死者木乃伊的完好，这样才能使“巴”与尸体相结合从而保证死者的身份。而坟墓作为祭祀之所，主要是为了给死者的“卡”提供祭品以维系死者的生命力，最终死者才能获得永恒的生命。而从更深的层次上看，坟墓对于死者的重要作用其实包含着极为深刻的宇宙学意义：坟墓中所进行的祭祀活动，“不仅保证了死者在来世中获得再生和滋养，而且还将这种再生置于了宇宙永久持续性的更广阔的背景之下，这是埃及人对于人类存在状态认识的一个极为显著的特征。”② 也正因如此，古埃及的坟墓无论其建筑结构还是其装饰设施都必须符合古埃

① 蒲慕州编译：《尼罗河畔的文采——古埃及作品选》，远流出版事业股份有限公司 1993 年版，第 50、51、53 页。

② J. H. Taylor, *The Death and Afterlife in Ancient Egypt*, London: British Museum Press, 2001, p. 138.

及人对于宇宙的理解。不过时代不同，人们对于外部世界的认知也不尽相同，因此墓葬的建筑设施也不断地发生着变化，反映出古埃及人来世观念的演变，关于这些我们将在以后的内容中做详细的分析。

一个装备完善的墓葬是为了保障死者的尸体不受侵害以及祭祀的正常进行。可见，完整的木乃伊与持续进行的祭祀仪式对于永恒生命的获取是极其重要的。实际上，包括制作木乃伊以及定期祭祀在内，古埃及人拥有一系列繁复的丧葬仪式。总体上来说，古埃及的葬礼仪式大致要经过以下几个过程。

> “尸体被装入棺材以后通过船只运到位于尼罗河左岸（西岸）的制作木乃伊的坊间里。在大约70天的时间里，制作木乃伊的师傅要采取以下步骤：使尸体脱水、对尸体进行防腐处理、对内脏进行专门处理（只有心脏被放回躯体内，其他器官被放入特殊的容器里）、用亚麻布包裹尸体（亚麻布层之间放置各种护身符，同时要念诵相应的咒语）、死者亲属为其哭泣（一方面表示哀悼，另一方面为了唤醒他）、烧香、尸体及随葬品被运到墓地、在墓口举行‘开口仪式’、举行献祭仪式、尸体和墓葬品及随葬品都放在规定的位置、举行旨在保护墓主及其墓室和墓葬设施的仪式。”①

死者被安葬在坟墓中之后，并不意味着灵魂就可以一劳永逸地成为不朽，因为在古埃及人看来死者与生者一样是宇宙圈中的存在者，所以死者与生者一样需要得到给养，于是安葬后的定期祭祀便必不可少了，而这种祭祀常常被委托给专职的丧葬祭司来完成。②

“宗教中无论任何方面，也无论任何信条，都不能没有其伦理方面的相配部分。”③ 在追求永生这个信仰上，古埃及人除了重视墓葬的建造和

---

① 金寿福：《今生与永恒：古埃及人的今生在其永恒概念中的位置》，载复旦史学集刊第二辑《史与诗：世界诸文明的历史书写》，复旦大学出版社2007年版，第14页。

② 古埃及的祭司中有一类为专门的丧葬祭司，他们的职能之一就是制作丧葬祭品、进行丧葬祈祷。具体内容参见李模：《诸神的仆人们——古代埃及祭司研究》（书海出版社，2001年），第149—150页。古埃及喜乌特地区的一个贵族在他的墓室内壁上保留有十款有关丧葬服务的法律文书，其中详细规定了丧葬祭司在他死后要履行的义务。参见布利斯特德：《古代埃及文献》第一卷的第535—593节（J. H. Breasted, *Ancient Records of Egypt*, Vol. I, London: Histories & Mysteries of Man Ltd., 1988, §535-593）。

③ ［苏］马林诺夫斯基：《文化论》，费孝通等译，中国民间文艺出版社1987年版，第78页。

丧葬仪式的实行，从很早开始他们就强调道德的高尚性与永生之间的关系。对于死者品德高尚的宣扬从古王国时期（约公元前2686—公元前2181年）便业已存在，无论是为国王而作的《金字塔文》，还是属于贵族的碑铭自传都在有意展现死者生前品行的良好。布利斯特德将这一现象解释为是出于保障死者来世生活的目的。① 布利斯特德的分析是完全合乎情理的。

> “在世上普行善事，你就会为大家所敬爱。人们欢迎圣蛇，唾弃恶蟒。注意不要说刻薄的话，你会为别人所喜爱，你会在神庙中找到一席之地，分享你主上的祭品，你将受到尊崇，你的棺材足以藏身，远离神灵的惩罚。”②

可见，对端正品行的宣扬是为了博得神灵对死后生活的护佑。除此之外，对善行的宣扬还是为了保证生者对死者的献祭。

> “啊！世上的人们，若是你们经过这座坟墓，请替我洗一盅水，我曾经身负重任。请将你们所携带的祭品为我而设，我是个为人所爱的人呢。我有生以来不曾在任何官员之前受到鞭打，我从来不曾用暴力抢夺任何人的财物，我是个做所有人都赞美的事的人！”③

对于古埃及人而言，人死后如果要转化为不朽的灵魂而安稳地享受永恒的来世，必须有设施完备的墓葬、适当的葬礼仪式、定期举行的祭祀仪式和一个高尚端正的品行。

以上我们主要了解了古埃及人对于死者灵魂的认识和对死后生活的诸多准备。值得注意的是，他们对于死亡的认识体现出了人与宇宙和谐共融的特征。而古埃及人来世观念所表现出来的这一特点，与他们对自然、宇宙的认识有着极为密切的关系。

---

① J. H. Breasted, *Development of Religion and Thought in Ancient Egypt*, Philadelphia: University of Pennsylvania Press, 1972, p. 167.

② 蒲慕州编译：《尼罗河畔的文采——古埃及作品选》，远流出版事业股份有限公司1993年版，第176—177页。

③ J. H. Breasted, *Ancient Records of Egypt*, Vol. I, London: Histories & Mysteries of Man Ltd., 1988, § 279.

二 自然崇拜

人们对于自然的感知和理解，构成了人类对于外部世界认识内容的重要组成部分。在遥远的古代，囿于各方面条件的限制，人类对于那些一时还无法深入认识或解释的自然物和自然现象抱有依赖、恐惧或敬畏的心理，自然崇拜便由此而产生。

1. 古埃及人对于自然物和自然现象的崇拜

所谓的自然崇拜是“自然宗教的表现形式之一。原始人类把对于社会生产和生活产生巨大影响因而有直接利害关系的自然物和自然力，视作有生命和意志的对象而加以崇拜，并出现相应的仪式和神话。大体可分为土地崇拜、天体崇拜、山石崇拜、河与水的崇拜、火的崇拜等。”[①] 随着崇拜对象的日益神灵化，自然崇拜最原始的崇拜对象——具体的自然物或自然力，逐渐发展为更为抽象的自然神，于是所谓的天体之神、万物之神、四季之神、气象之神等千姿百态的自然神灵出现了。从古埃及人多神崇拜的宗教信仰里可以看出，他们的自然崇拜已经发展到了自然神崇拜的阶段了。在古埃及众多的神灵中，各种各样的自然神灵比比皆是，比如太阳神拉、月神托特、天空女神努特、大地之神盖伯、与尼罗河有关的神灵奥西里斯等。古埃及宗教之所以保留有深刻的自然崇拜的印记，主要是由于埃及人对于自然有着巨大的依赖性。

古代埃及是一个地理位置相对闭塞的国家，它地处非洲的东北部，东临红海，西接阿拉伯沙漠，北滨地中海，南连努比亚，一条尼罗河贯穿其南北，整个国家分布在以狭长河流为中心的广漠地区，但只有尼罗河河谷、三角洲和少量绿洲适于人类居住生存。埃及的气候炎热干燥，终年晴空万里，雨量极为稀少，尼罗河河谷地区几乎终年无雨，临近地中海的三角洲地带每年也仅有二三十天的雨季。在这样的地理环境下，古埃及人发展农业生产主要处于“靠天吃饭”阶段，于是斗转星移、河水涨落、四季更迭等与人们生产生活有着密切关系并产生深远影响的自然物和自然力，在古埃及人眼里成为具有生命、灵性和奇特能力的超自然存在，自然崇拜进而产生。

---

① 冯契主编：《哲学大辞典》（修订本），上海辞书出版社 2001 年版，第 2055 页。

所谓“近山者拜山，靠水者敬水”，保留有自然崇拜习俗的古代民族，往往出于实际生活的需要，把对其生产和生活影响最大的自然物和自然力作为崇拜对象。在古埃及人众多的自然崇拜对象中，太阳和尼罗河最受尊崇。正是依赖着充沛的日照和尼罗河定期的泛滥，古埃及才在一个闭塞且有点“恶劣”的环境下发展成为地中海的谷仓。埃及人将这两个对他们影响最为巨大的自然物吸收在大量的神话故事中，折射出他们对太阳和尼罗河的依赖和敬畏。

赫利奥坡里斯神学、赫尔摩坡里斯神学和孟菲斯神学是古埃及流行的三大创世神学体系。这三大神学体系所包含的宇宙创世神话有部分内容反映了古埃及人对于自然的最初认识。赫利奥坡里斯是古埃及太阳神的崇拜中心，流行于这里的创世神学认为太阳神阿图姆为创世之神，他最早出现于混沌之水中的“原始丘”之上，之后阿图姆独自生出了大气之神舒和湿气女神泰富努特，这两位大神结合生出了大地之神盖伯和天空女神努特，盖伯和努特又结合生出了奥西里斯和伊西丝与塞特和涅菲悌丝这四位既是兄妹又是夫妻的神灵，这九位神灵被称为是九神团。上面所提到的混沌之水中的“原始丘”很可能与尼罗河的泛滥有关。每年夏季尼罗河河水都会暴涨，从上游携带大量腐殖质的河水将下游地区变成一片泽国，原来位于两岸的小土丘，被淹没在一片滚滚的浑浊河水里，不过当河水退去这里沉积下来的腐殖质变为肥沃的黑土，成为孕育生命、滋养作物的地方。第二个创世神话赫尔摩坡里斯神学与赫利奥坡里斯神学类似，认为宇宙最初是一片流动的混沌，在这片混沌中有四对蛙和蛇共同创造了一个卵，这个卵又孕育了八神团。八神团的神灵之一努恩便代表着原初的海洋和水。八神团形成之后他们共同创造了天地万物，还参与了太阳的升起和尼罗河的泛滥。第三个创世神学流行于孟菲斯地区，孟菲斯是普塔神的崇拜中心，因此孟菲斯神学宣扬普塔神是世界的创造者。与前两个创世神学不同，普塔的创世更具抽象性，他通过心与舌（思想和语言）创造的万物。而值得注意的是，孟菲斯神学里普塔使用了“普塔—努恩”的名字，这不仅显示出孟菲斯神学吸收了赫尔摩坡里斯神学的内容，也表明了水在创世之初的重要性。[①] 尽管三大创世神学在内容上不尽相同，但它们不约

---

① 有关三大创世神学的具体内容参见刘文鹏：《古代埃及史》，商务印书馆 2002 年版，第 119—128 页。

而同地都证明了尼罗河和太阳在古埃及人的心目中代表着生命之源，也正因为这样太阳与尼罗河成为古埃及人宗教神话中永恒的母题。

2. 太阳神话、奥西里斯神话与人的永生

“黑夜降临和冬天伊始肯定使原始人感到害怕……在这种环境下，原始人想必总是力求太阳、月亮，以及绿色植物合乎规律地往复——这样的假设看来是合乎逻辑的。”① 人类最初对自然的畏惧感必然会在古埃及人的心理上留下印记，因为古埃及人远不及我们现代人对于自然的了解。对于他们而言，自然是令人崇敬甚至是恐惧的。也正因如此，他们对于自然规律运行的渴望表达在了众多的神话故事尤其是关于太阳和尼罗河的神话故事中。

古埃及人认为，世界开创之时，只有两条河流，一条是尼罗河，另一条是天河。所谓的天河是一条和尼罗河一样的雄伟壮阔的河流，它穿过阴间——一个漆黑的世界。在这条河流里，行驶着太阳神的永恒之舟，太阳神正是乘着它每天周而复始地在天空和黑暗世界里旅行，这样才有了日出与日落。不过太阳神在黑暗世界里的旅程并不是一帆风顺的，那里有邪恶的巨蟒尾随其后伺机进攻。每个夜晚太阳神都要在众神灵的帮助下战胜巨蟒，穿越重重阻碍升起在东方。对于古埃及人而言，太阳神在东方的重新升起，不仅象征着正义战胜了邪恶，更象征着生命的复活和重生。

> “你灿烂地在天边升起，啊！充满生命的太阳，生命的创造者！当你从东方升起，你以自己的光芒充满全地，美丽、伟大、光芒四射，高居世界之上，你的光芒拥抱你所创造的土地，你是拉，伸展到大地的尽头……世界靠你的手做成，你升起，他们得生，你落下，他们死亡，你就是生命，人因你而活，人们的目光注视你的光辉，直到你落下。”②

古代人与现代人的思维方式不同，对于某个问题的解答，他们会同时给出不同的答案。比如古埃及人，他们除了把太阳的东升西落描绘成太阳

① ［美］戴维·利明、埃德温·贝尔德：《神话学》，李培茱、何其敏、金泽译，上海人民出版社1990年版，第60页。

② 蒲慕州编译：《尼罗河畔的文采——古埃及作品选》，远流出版事业股份有限公司1993年版，第125、127页。

舟的巡行之外，还描绘成天空女神努特的生育行为。努特在古埃及宗教中被看作是天空女神，她手和脚撑地，其拱起的身体便是天空。古埃及人认为白天太阳沿着努特拱起的身体运行，到了傍晚太阳运行到了努特的嘴边直至最后被她吞到腹中。夜晚太阳在努特的腹内安全地运行，直到黎明时分努特像生育孩子那样将太阳重新置于空中。① 我们必须理解这种独特的完全不同于我们自己的思维方法。对于古埃及人而言，关于同一问题的不同解答之间并不存在着矛盾。很显然，无论是太阳舟夜以继日的巡行还是努特生育太阳的神话，它们都暗含着生命重生的意义。

希罗多德说“埃及是尼罗河的赠礼”，正是依赖着尼罗河每年定期的泛滥和充沛的水资源，古埃及成为富庶之地。作为与古埃及人生活息息相关的另一个自然物，有关尼罗河的神话故事同样也反映出人们对于自然规律运行、生命生生不息的渴求，在这些神话中最具代表性的当属古埃及奥西里斯神话。传说奥西里斯是古埃及远古时代的一位很有作为的国王，但是他的弟弟塞特因嫉妒设计陷害了他，并将装有奥西里斯的棺木扔在了尼罗河中。奥西里斯的妻子伊西丝想方设法找到了他的尸体使其复活，以后伊西丝受孕并生下他们的孩子荷鲁斯。但是塞特又一次发现了奥西里斯，他将奥西里斯致死，并将其尸体切割成碎块扔入尼罗河，伊西丝不辞辛苦找回丈夫的尸体碎片缝合，并在神灵的帮助下使奥西里斯复活。奥西里斯的儿子荷鲁斯长大后为父报仇夺回了王位成了埃及的国王，而奥西里斯则去了阴间成为冥世之神掌管死者的命运。据说奥西里斯复活的日期恰逢尼罗河泛滥后万物复苏的季节，因此奥西里斯又被视为植物之神和尼罗河之神。古埃及人认为携带着淤泥的泛滥之水是由奥西里斯带来的，或者是从他的身上获得的力量。

> “赞美你啊，你在泛滥洪水的峰头，你守护着食物，与阳光之主比肩坐于绿色的湿地之边！你会让培比·涅菲尔卡拉（古埃及第六王朝国王培比一世——引者注）吃到谷物，他会在天空中变成你，奥西里斯。”②
>
> “他（奥西里斯——引者注）淹没了两地如同阿吞在黎明时那

---

① G. A. Hart, *A Dictionary of Egyptian Gods and Goddess*, London and New York: Routledge, 1986, pp. 145 – 146.

② James P. Allen, *The Ancient Egyptian Pyramid Texts*, Leiden: Brill, 2005, p. 287.

样……埃及和遥远的地域，阿吞神所环绕的地方，都在他的保护之下，北风、河流、洪水、生命之树、所有的植物……土地的肥沃带来了富足。”①

从上面所列举的神话内容来看，无论是太阳神话还是奥西里斯神话都体现出古埃及人将自然的运化同生命的永恒相联系的明显基调，古埃及人总是把自身的生命置于不变的自然运动的范围内，并同时与伟大的宇宙规律密切地联系到一起，他们希望这样能够获得永恒的生命。因此我们看到，在古埃及的丧葬文献里，死者或者登上太阳舟与太阳神为伴，或者化身奥西里斯而获得复活的能力，总之人们通过与太阳的运行和奥西里斯的生命相联系，期望成为自然界永恒的循环性运动的一部分最终实现永生。从这个角度上看，古埃及人对于永恒生命的灵感在某种程度上是受到了自然的启示。

三　神王崇拜

作为古代文明中的一个代表，古埃及的王权是社会生活中一个至关重要的力量。但与其他的古老文明不同的是，国王的身份不仅限于统治者这样简单，在古埃及人的眼中他更被看作是神的化身抑或是他本身就是一位神。因为有着这样一个特殊的身份，国王在社会生活中的角色地位异常的重要，他不仅履行着治理国家这样现实的责任，更肩负着保持宇宙整体协调这样具有神学意义的重担。而作为融入宇宙规律性运动中的来世观念，自然不可避免地要受到国王权威的影响，因此古埃及的神王崇拜是我们进一步了解埃及人来世观念时不可回避的内容。

1. 国王是神的后裔、神的化身

古代文明特别是古代东方文明，为了树立君主在政治上的权威通常会使用“君权神授”这样的形式，但是古代埃及人则采用了更为“激进”的方法，他们利用宗教直接将其统治者国王神化，以此达到树立其专制主义统治的目的。因此在古埃及人的心里，国王的至高无上不仅在于他握有

① M. Lichtheim, *Ancient Egyptian Literature*, Vol. II, London: University of California Press, 1976, pp. 83 – 84.

的世俗权力，更在于他所具有的神性，古埃及所谓的神王观念便是这样产生的。

和所有实行专制主义集权政治的古代君主一样，古埃及的国王总是极力将政治、经济、军事、法律、宗教等诸多方面的权力控制在自己手中。他控制着政府的各个部门，委任各类官员；把持着立法和司法的大权，全国臣民的生杀予夺皆由他所掌握；为了保证国家的税收来源，甚至直接插手有关土地的事件；他同时还是军队的最高统帅和神庙形式上的最高祭司。对这些权力的控制，表现了国王以人的身份出现时王的权威。不过在古埃及人看来，国王对于这些权力的控制其合理性更在于国王是神的后裔。

根据古埃及人的宗教神话，相传太阳神创世之后成了埃及的第一位统治者，但是后来人类试图推翻太阳神的统治，于是极度气愤和失望的拉神率众神离开埃及升天，并将世间的统治权交给了自己的代理人——国王。① 国王与太阳神之间的关系后来逐渐演变为父子，正因为这样古埃及国王的王衔之一为"拉之子"。国王是太阳神的后裔这样的认识，在古埃及所遗留下来的文献和艺术作品中随处可见。《金字塔文》曾这样表明国王的神圣出身："培比（古埃及国王培比一世——引者注）已经被他的父亲阿图姆创造出来，在天空存在之前，在人类存在之前，在诸神降生之前，在死亡存在之前。"② 古埃及中王国时期（约公元前2040—公元前1786年）著名的散文故事《国王的魔法师》则讲述了这样一个故事：赫利奥坡里斯的拉神与其一位祭司的妻子结合生下了三胞胎，这三个男孩后来成为古埃及第五王朝的前三位国王。③ 而位于戴尔巴哈里的哈特舍普苏特女王的葬祭庙中更是保留有生动的壁画场景，表现了太阳神与女王的母亲婚媾并诞下女王的过程。④

在古埃及国王的神圣出身除了同太阳神有关外，还与奥西里斯有着密切的联系。前述的奥西里斯神话本身就蕴含着国王具有人性和神性双重身份的意义。奥西里斯曾经是埃及的国王，后来才成为神灵，而他的儿子荷鲁斯继任了他的王位，因此便有了神圣的血统。所以在古埃及，去世的国

① 金寿福：《法老——带王冠的人间之神》，上海辞书出版社2003年版，第2页。

② James P. Allen, *The Ancient Egyptian Pyramid Texts*, Leiden: Brill, 2005, p. 179.

③ ［英］派特立编：《埃及古代故事》，倪罗译，作家出版社1957年版，第9—13页。

④ J. H. Breasted, *Ancient Records of Egypt*, Vol. II, London: Histories & Mysteries of Man Ltd., 1988, § 192 – 212.

王常常被称作“奥西里斯”，而他的继任者即在世的国王被认为是“荷鲁斯”的化身。荷鲁斯在古埃及宗教里一般被看作是隼鹰神，奥西里斯之子。像古埃及的埃德福地区所供奉的隼鹰神还与太阳崇拜有着密切的关系，每年甚至还有专门的祭祀活动。从这个方面来看，国王不仅拥有神圣的出身，他本身就是一个神，因此我们从很多文献上经常看到国王被当作神一样崇拜。

> “‘永生啊，国王！’这来自于真理欢愉的王室大厅、太阳存在的伟大天空的话语献给国王。请关注我吧，你像太阳一样升起，用你的善良照亮大地。太阳将黑暗从埃及驱逐出去。你扮作你的父亲太阳神的形象升起在天空。”①

具有神性的国王不仅在死后会享受神的待遇，如飞升天国、参与天界事务等，在生前他也会如同神那样受到人们的顶礼膜拜。埃及著名的阿布辛拜勒神庙就是对在世的国王进行宗教崇拜的典型例证。阿布辛拜勒神庙建造于古埃及第十九王朝国王拉美西斯二世统治时期，该神庙在供奉普塔神、阿蒙神、拉·哈拉凯悌三位神灵的同时，也将拉美西斯本人置于其他三位神灵同等的地位，受到人们的崇拜。该神庙在设计上别具匠心，每年的2月21日（拉美西斯二世的生日）和10月21日（拉美西斯二世的加冕日），初升太阳的光线都会直射到神庙最里面拉美西斯二世的坐像上。这一举世闻名的人文奇观显示出古埃及国王被奉若神明的传统。

实际上，在古埃及还有很多神话追溯了国王与神灵间的亲缘关系，这些对于国王神圣出身所进行的具有神话色彩的描绘，不论其内容如何都是为了证明国王的神性身份。而以神王身份出现的国王，他不仅拥有至高无上的地位，而且还在社会生活中发挥着独特的作用。

2. 神王与永生

国王的神王身份决定了他所得到的社会待遇必定不能等同于常人，因此在来世生活中国王享有非常特殊的权力。有关这一点我们会在以后的章节中进行详细的介绍，在此暂且不做过多的讨论。不过有一点必须首先明确的是，作为神出现的国王，他对于其他人永恒生命的获得有着非常重要

---

① A. M. Wilson, *Egyptian Literature*, New York: The Colonial Press, 1901, p. 345.

的作用。

一段简短的文献这样描述了作为国王应当承担的责任："拉神让国王永久地处于这片生机盎然的土地上，治理人类，供奉神灵，扬善除恶。他（国王）向神灵奉献供品，向死者敬献祭品。"[①] 可见，兼具神与人双重身份的国王，处在一个人与神、死者与生者、自然与社会的中间位置。这样一个在社会生活乃至宇宙运行中处于相当微妙地位上的统治者，古埃及人对其所担负的责任给出一个专属的定义——"维持玛阿特"。

所谓的"玛阿特"在古埃及最早的象形文字中用一个"▭"来表示，这个符号可能代表着国王御座下的基石，或者是"原始丘"的象征形式。其意义应该是一个简单而具体的几何或物理学概念，表达"直"和"平衡"这样的意思。[②] 后来从"直"与"平衡"这样的意义引申而来，"玛阿特"有了"正直""正义"这样的伦理学含义，并成为古埃及人思想与行为的最基本和最重要的概念。不过在古埃及的宗教神话中，"玛阿特"还有另外一层含义，她被看作是一位女神，"象征着创世之神在创世之初就确立的宇宙和谐的因素——包括真理、正义和道德的诚实。"[③] 相传创世之神是将"玛阿特"置于混乱的地方之后，才从"原始丘"出现的。在前述的孟菲斯创世神学理论中，创世神普塔在"自我创造"之后创造了普塔的九神团，可惜由于保存孟菲斯神学的文献缺损，我们对于这九神团不甚了解。不过公元前 3 世纪，古埃及祭司曼涅托写过一部《埃及史》，书中则介绍了前述的孟菲斯神学九神团的组成，其中就包括玛阿特女神，可见玛阿特与神的创世活动有着极为密切的关系。

对于"玛阿特"这个词的含义，我们很难用一个现代词语来完整概括。但有一点是非常明显的，"玛阿特"这一基本范畴，同时包含了社会平和、公正、真理、秩序以及所有可能想到的让世界适合生存的和谐力量。它充斥在整个宇宙中，即使是神灵也要依赖"玛阿特"而生存："培比（指培比一世——引者注）是这四位神灵之一——伊姆塞悌、哈匹、

---

① Jan Assmann, *The Search for God in Ancient Egypt*, New York: Cornell University Press, 2001, p. 3.

② Siegfried Morenz, *Egyptian Religion*, trans. Ann E. Keep, New York: Cornell University Press, 1973, p. 113.

③ G. A. Hart, *A Dictionary of Egyptian Gods and Goddess*, London and New York: Routledge, 1986, p. 116.

杜阿木悌夫和屈伯塞努耶夫——他们都依赖着‘玛阿特’生存……”[①] 作为处于人与神中间位置上的国王，一方面他同神灵处于同一个立场上，要依赖着“玛阿特”生存；另一方面由于他还肩负着神所委托给他的治理尘世的责任，所以他还必须维持“玛阿特”的存在：“我已使他（拉神——引者注）所喜爱的真理（“玛阿特”——引者注）明亮，我知道他依赖着它（真理）生存；它是我的面包，我以它的光亮为食。”[②] 将“玛阿特”作为供品奉献给诸神这样的宗教仪式，在古埃及的浮雕与壁画上被反复呈现，古埃及的历代国王在战争胜利之后，在神庙重建之后，或是在驱逐了各种形式的“混乱”之后，都想以此来证明自己履行了神所交托的职责。

“玛阿特”作为和谐的宇宙秩序，既涵盖了正义的社会秩序，也包括了神圣的自然秩序。国王作为连接自然与社会的中间人，在行使世俗权力维护社会稳定的同时，也有责任保证自然的正常运转，因为“像太阳或月亮的运动过程，或者永恒而有节奏的季节运动这样的宇宙现象，不仅揭示了卓越的力量，而且也揭示了秩序。”[③] 在很多重要的时刻或节日里，国王都试图展现自己对于这些卓越的自然力量所具有的超凡意义。比如在拉美西斯二世（古埃及第十九王朝国王）和拉美西斯三世（古埃及第二十王朝国王）统治时期，古埃及曾出现过尼罗河水位低的情况，有关尼罗河对于古埃及人生产生活的重要意义，我们已经在之前有过介绍，因此不再赘述。在这个关键时刻，国王以自己的名义将大量祭品扔进尼罗河，而在这些祭品当中有一份是“尼罗河从其源头出来的书”的纸草副本。显然这卷纸草包含着一个使尼罗河升起的命令，或者是一个契约，后者把向尼罗河奉献礼物作为河水上涨的交换条件。在这些祭品被投入尼罗河两个月之后，河水开始上涨了。[④] 在这个自然事件当中，国王所发挥的作用在古埃及人眼中是至关重要的，因为国王的行为证明他具有控制和推动自然进程

---

① James P. Allen, *The Ancient Egyptian Pyramid Texts*, Leiden: Brill, 2005, p. 181.

② J. H. Breasted, *Ancient Records of Egypt*, Vol. II, London: Histories & Mysteries of Man Ltd., 1988, §299.

③ H. Frankfort, *Ancient Egyptian Religion: An Interpretation*, New York: Harper & Row Publishers, 1948, p. 15.

④ H. Frankfort, *Kingship and the Gods: A Study of Ancient Near Eastern Religion as the Integration of Society and Nature*, Chicago and London: University of Chicago Press, 1978, p. 59, p. 192.

的非凡能力，他保证了作为自然秩序而存在的“玛阿特”的正常运转。

谈到这里，我们不得不再次提及前述的有关自然崇拜的问题。正如我们所分析的那样，古埃及人从自然中获取灵感，把对人自身问题的解答同自然规律相联系，使人的生命深深地嵌入到宇宙生命当中。既然神王可以掌控自然的韵律，那么古埃及人所认为的人的永恒生命是否也受到神王的影响呢？答案是肯定的。古埃及的一位官员曾这样教育自己的孩子。

> “他是拉，借助他的光芒人们才能看见，他是一位比太阳光盘更能照耀两地的人。他是一位比高水位的尼罗河更能使两地变绿的人。因为他已经用力量和生命填充了两地。当他恼怒时，鼻孔可以感到凉意，但当他仁慈时，鼻孔可以呼吸到空气。他把食物提供给那些为他服务的人，他供养那些跟随其道路的人。国王是卡，他的嘴是繁殖。他是一位制造将活下去的人的人。他是所有肢体的克努姆，是所创造人民的父亲。”①

从这段文献中可以看出，以“卡”（“生命力”）形式出现的国王，是其臣民存活的保证，就如同他对于自然正常运转的意义。所以这样的情况经常出现，如果一位臣属从国王处获得了死后必备的丧葬装备，那是一件极为荣耀的事，说明自己的来世得到了保障。

> “今生今世转瞬即逝，而来世将永远持续下去，我的国王以这座坟墓为他的忠臣（指墓主——引者注）的未来做准备，以便我的躯体有休眠之处，以便我的名字永远被世人相传。”②

在古埃及人的思想中，名字无论是对人还是对无生命的东西都是相当重要的。没有了名字任何人和事都将不复存在，如果掌握了名字，其主人也就获得了力量。在古埃及的来世观念中，“卡”也被认为可以显现在一个人的名字里。③ 就此分析，上面一段文献里，国王对于死者获得永生的意义是显而易见的了。

---

① J. B. Pritchard ed., *Ancient Near Eastern Texts*, Princeton: Princeton University Press, 1955, p. 431.

② 金寿福：《在希望与绝望之间——论古代埃及人来世观念的产生和发展》，《史学集刊》2005 年第 1 期，第 55 页。

③ A. Weidemann, *Ancient Egyptian Doctrine of the Immortality*, London: H. Grevel & CO., 1895, p. 11.

四　小结

“埃及人在与自然非常密切的联系中生活，并且农民每年反复发生的实践（正如我们所看到的）孕育了意义重大的经验。我们必须考虑到他们已在精神上深深地认识到了诸如太阳的升降和尼罗河的涨潮与落潮这样的自然现象。”①

富兰克福特在《古代埃及宗教》一书中，用上面一段话来提醒人们注意，有关生命的永恒正在分享自然的永恒运动的信仰，对于我们而言虽然是不切实际的，但对于古埃及人而言则是真实可信的。由于处在一个特殊的地理环境之下，古埃及人有着极为便利的条件接触和观察自然，同时与自然保持着十分密切的关系。源于生产与生活的需要，他们对自然的变化有着一种高度的敏感性，诸如草木荣枯、河水涨落、季节更替、太阳升降都使他们认为宇宙的韵律本该如此，并且他们也从中寻找到人生命存在的轨迹。之所以古埃及人会从自然中得到生命的启示，主要是因为他们理解事物的思维方式还保留着浓厚的“原始互渗”的色彩。在这种思维方式的作用下，古埃及人认为“宇宙的各种物质都是共质的”②，因此自然现象可以成为人类活动的参照物。

从自然获取灵感的古埃及人认为，人肉体的死亡并不是生命的真正终结，人在死后会以“卡”“巴”“阿赫”等多种形式转移到另一个世界也就是来世去继续生活，从而获得永生。为了保证人从生至死的平稳转变，古埃及人还设想出了各种确保获得永生的条件，包括坟墓以及配套的丧葬装备、适当的丧葬仪式和高尚的道德品质。“一切高级宗教，都给予人类这样的信念，生命不只存在于今世。这种信念是基于人类这种心理，即对自己热爱的人、对自己身处其间的社会关系以及各种活动都非常的眷恋。”③古埃及人将生时使用的物品带进坟墓希望能在来世继续享用，他们又通过

---

① H. Frankfort, *Ancient Egyptian Religion: An Interpretation*, New York: Harper & Row Publishers, 1948, p. 121.

② ［美］H. 法兰克弗特、H. A. 法兰克弗特、约翰·A. 威尔森、陶克尔德·雅克布森：《人类思想发展史——关于古代近东思辨思想的讨论》，郭丹丹译，黑龙江人民出版社 2005 年版，第 65 页。

③ ［日］池田大作、［英］B. 威尔逊：《社会与宗教》，梁鸿飞、王健译，四川人民出版社 1991 年版，第 49 页。

各种丧葬仪式同生者建立起联系，这些对来世的必要准备，都反映出了他们对现实世界的不舍和依赖。

尽管有了确保永生的各种条件，但是至关重要的一点是宇宙的和谐韵律要得到稳固的维持，因为无论是自然的周期运行，还是人死而复生的生命历程，都包含在神在创世之初就确立的和谐秩序中，而保障这一秩序持续稳固的就是作为神王的国王。古埃及国王这一特殊的身份决定了其在来世生活中必然会有别于常人。

综合本章内容，我们围绕着自然（神）、灵魂和神王这三个方面探讨了古埃及人对于来世的认识问题。这三个讨论主题在以后的内容中也将是我们关注的重点。它们随着古埃及历史的变迁将发生种种微妙的变化，从而表现出古埃及人来世观念的嬗变过程。

第二章　古王国——天国生活的特权化时期

古老的埃及是世界上最早进入文明时代的地区之一，在经历了漫长的原始时代之后，古埃及于新石器时代晚期逐渐形成了最初的城市国家。这种城市国家具有小国寡民的特点，埃及人将其称之为“斯帕特”，希腊人则称其为“诺姆”，中文常将之译为“州”。各州在频繁的军事活动和长期争霸斗争中逐渐形成了统一的国家，大约在古埃及早王朝时期（约公元前3100—公元前2686年，包括古埃及的第一、二王朝）的末期古埃及的国家统一最终完成，原来的城市国家也逐渐演变为统一王权之下的省区。[①]

早王朝结束后，古埃及的历史跨进了古王国时期（约公元前2686—公元前2181年，包括第三至第六王朝）的大门。古王国是一个崭新的时期，借助国家的统一和经济的发展，该时期的宗教文化飞速地发展起来，这其中一个重要的内容便是“神王观念”的最终确立和巩固。被神化的国王所掌握的权力不仅存在于现实中，也覆盖了来世的生活。为了显示他所拥有的至高无上的地位，在来世生活里国王享受到很多特权，特别是在来世去向上，他独享天国的生活，以此来显示出他至尊的神的身份。

一　神化王权与国王在来世生活里的“特权”

古王国时期，埃及国家统治最重要的特点就是专制主义王权十分强大，神王观念比较稳固，国王在社会生活中拥有至高无上的权威。来世生

① 古代埃及“州”的数量并不确定，早王朝时期为26个（参见刘文鹏：《古代埃及史》，商务印书馆2002年版，第66页），在发展的成熟期大概有42个（参见蒲慕州：《法老的国度——古埃及文化史》，广西师范大学出版社2003年版，第33页）。

活作为现实的幻象，不可避免地要反映出现实生活的种种情况。因此国王在来世生活中拥有常人无法企及的“特权”。

1. 强大的被神化的专制主义王权

古埃及人将王神化的历史可以追溯到极为久远的年代，而专制主义王权的出现更是伴随着王权神化和古埃及国家的统一所经历一个漫长的发展过程。

在古埃及前王朝时期（约公元前4500—公元前3100年）的文化遗址中找到了埃及王权神化的较早证据。在属于上埃及[①]前王朝文化系统[②]的涅伽达文化I时期之末的1546号墓中，考古学者发现了一块陶罐破片，该破片上绘有一只鸟坐落在王宫建筑物之上，这与古埃及国王最早使用的王衔荷鲁斯衔[③]的形象一脉相承，很可能是荷鲁斯衔的最早形象。[④]“王衔”的采用是确立和维护王权的神性和权威的重要手段，古埃及国王完整的头衔有五个，其具体形成时期各不相同，而这里所提到的荷鲁斯衔是古埃及国王最早采用的头衔。荷鲁斯衔使用的目的无疑是为了确认王权的神圣性。

伴随着王权神化的出现，古埃及君主专制统治也逐渐开始建立。比如在统一战争过程中，结成联盟的各州，其居于霸主地位的州的国王地位显著提高，著名的蝎王权标头[⑤]中，蝎王的形象要比其他人高得多就明显证明了这一点。此外，这时的王权开始逐渐摆脱军事民主制残余的影响，王位开始世袭，同时为了显示王的地位和权力，双王冠和树蜂衔[⑥]也被逐渐

① 古代埃及在地理上分成两个部分，以孟菲斯为界，以南的尼罗河狭长谷地叫上埃及，接近尼罗河三角洲的地区叫下埃及。

② 据考古发掘得知，古埃及前王朝时期在考古学上经历了新石器时代和铜石并用时代，其中前王朝铜石并用时代的文化根据地域的差别又分为下埃及的前王朝文化和上埃及的前王朝文化两大系统。上埃及的前王朝文化根据时间的先后形成了系列的发展阶段：巴达里文化、涅伽达文化I时期、涅伽达文化II时期和涅伽达文化III时期。

③ 荷鲁斯衔名通常在古埃及象形文字中表现为隼鹰立足于“王宫门面”建筑物上，似乎表示国王居住于王宫时呈现的隼鹰荷鲁斯的形象。

④ 刘文鹏：《埃及学文集》，内蒙古大学出版社1996年版，第47页。

⑤ 权标头被认为是古埃及国王权力的象征，在古埃及的绘画和雕刻作品中，经常能看到国王用权标头击打敌人头部的场景。蝎王权标头出土于古埃及的希拉康坡里斯，年代应属于前王朝晚期。该权标头描绘了以盟主形象出现的蝎王头戴白冠（上埃及国王的象征）主持一个开渠仪式。

⑥ 双王冠指红冠和白冠。红冠最早是下埃及王的王冠，白冠是上埃及王的王冠，后来为了表示上、下埃及权力的统一，埃及国王通常佩戴红白双冠。树蜂衔，也是古埃及国王五种王衔之一，它的使用最早开始于古埃及早王朝时期，树指苏特树象征着上埃及，蜂指蜜蜂象征着下埃及。

使用。而在官僚机构方面，以王为中心的一整套复杂的机构设置形成了。不过客观地讲，尽管从前王朝末期至古王国之前，埃及的君主专制一直在发展，但远还没有达到绝对的专制主义君主制的程度。该时期的王权还处在一个完善和成长的阶段，甚至在某些方面国王还不及贵族。例如，在属于该时期的位于阿卑多斯和萨卡拉的墓群中，有些贵族墓的规模并不逊于王陵。第一王朝有一个名叫海马卡的大臣，他的墓占地达 1500 平方米，其规模超过了这一时期许多国王的墓。[①] 尽管如此，前王朝至早王朝时期王权的逐步发展毕竟为后来奠定了一定的基础，古埃及真正的君主专制主义集权政治出现在了古王国时期。

得益于国家统一的最终完成，古王国时期埃及的国家版图扩大、人口增多、阶级关系也日益复杂。为了适应国家政治、经济生活的新变化，埃及的国家机器日益加强，尤其是王权此时与宗教紧密地结合，国王被系统地神化，以确立其至高无上的权威，这成为此时埃及国家机器强化的一个显著特征。

古王国时期的埃及国王所实行的专制主义具有绝对和无限权力的特点，国王紧紧掌握着立法、司法、行政、财政、公共工程、军事等事务的一切大权。他利用政府的官僚主义集权化的管理，牢牢控制着包括贵族在内的一切臣民。在政府机构中虽然有很多高级官吏帮助国王打理日常事务，但最终的决定权都在国王。比如，“作为所有法律的源头，国王是上诉请求的终审判决者。而死亡审判很明显只能由他来批准，并且他也必定行使宽恕的特赦权。”[②] 对于古王国时期的埃及国王而言，在权力的享有方面再也无出其右者。古王国时期国王至高无上的地位，我们可以从该时期所推行的宫廷礼仪中窥见一斑：“［涅菲里耳刻勒（古埃及第五王朝国王——引者注）的随从，受国王荣宠多于］任何仆从；当陛下因为一件事而赞扬他时，陛下允许他亲吻他的脚，陛下不允许他亲吻土地。”[③]

古王国时期埃及国王至上权力的获取从某种角度上来说得益于王权神化的措施，作为古埃及国王权威的重要来源和政治统治的思想基础，只有

---

① 吴于廑、齐世荣主编：《世界史·古代史编》（上卷），高等教育出版社 1994 年版，第 39 页。

② Cyril Aldred, *The Egyptians*, New York: Thames and Hudson, 1987, p. 185.

③ J. H. Breasted, *Ancient Records of Egypt*, Vol. I, London: Histories & Mysteries of Man Ltd., 1988, §260.

神王观念得到进一步的发展和完善，古埃及国王才能成为理念上和实际上的权威，从而不断推动君主专制主义的不断强化。古王国时期王权神化的重要一步是国王与神庙保持紧密的联系，目的是利用祭司集团为其歌功颂德，宣扬国王的神性。这一时期在神王观念的宣传与发展中，赫利奥坡里斯的拉神祭司集团发挥着极其重要的作用。

“赫利奥坡里斯”来源于希腊语，意为“太阳城”，是古埃及太阳神拉的崇拜中心。拉神崇拜最早始于早王朝时代。[1] 进入古王国时期之后，拉神崇拜延续下来，并逐步在王权神化的措施里发挥起重要的影响力。从第三王朝的第二位国王左塞开始，埃及国王名字有了新的书写方法，即将王名写在一个椭圆形的框子里，旁边还有一条黑线“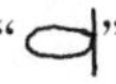”。这个椭圆形框子被称为“王名圈”，表示太阳照耀的区域，说明国王受到太阳的保护，反映了太阳崇拜对王权的影响。显然这已经背离了埃及在古王国之前的传统。古埃及最具史料价值的王表之一《都灵王表》，“把前王朝晚期统治者称为‘荷鲁斯的追随者之亡灵’和‘荷鲁斯的追随者’。这些术语也常常被埃及学家用于第一王朝的国王。”[2] 而且荷鲁斯名是古埃及国王最早采用的王衔，这些都说明王权在古王国之前主要是受荷鲁斯神保护的。王名书写上的变化是一个信号，它表明了从古王国开始王权与太阳神有着日益密切的关系。被太阳所保护的国王可以等同于神，国王的这种神性保证着其统治权威的稳固，也促成了王权与神权的结合，而这是古代埃及国家统治的重要根基。第三王朝之后的第四王朝，共有六位国王，其中三位名字中含有太阳神拉的名字——拉杰德夫、哈夫拉、门卡拉。

为了拉拢祭司集团尤其是拉神祭司集团，古王国时期的埃及国王经常性地向神庙或神灵捐赠土地、祭品等。古埃及最古老的纪年石刻帕勒莫石碑关于这一时期的记载很少，但却保留了太阳神庙或拉神获得土地和祭品的记载。

“赫利奥坡里斯的神灵们：每［—］（中括号里的词原文缺失——引者注）和每个节日获得20份包括面包和啤酒的祭品；乌塞尔卡夫

[1] 刘文鹏：《古代埃及史》，商务印书馆2002年版，第228页。
[2] 刘文鹏：《古代埃及史》，商务印书馆2002年版，第117页。

领地中的36斯塔特[①]土地。名叫塞普拉的太阳神庙中诸神：乌塞尔卡夫领地中的24斯塔特土地；每天两头牛，两只鹅。拉神：北方诺姆中的44斯塔特土地。”

“南方神殿里拉神：每天获得40份包括面包和啤酒的祭品……名叫赛亥特-拉的太阳神庙中的拉神：克索伊斯州的2000斯塔特土地。”[②]

除了向神庙赠送大量财物，第五王朝之后，埃及国王还颁布了很多敕令以豁免神庙土地的赋税和神庙土地上的劳动者的劳役。

“荷鲁斯-乌舍尔哈乌国王（即第五王朝的涅菲里耳刻勒国王）给祭司长赫姆努的敕令。……我不允许任何人为了一切诺姆的工作而有权夺取一切祭司依以祭祀的任何神的耕地上的一切劳动所需要的任何东西。按照国王和君主涅菲里耳刻勒（愿他长寿！）的敕令，它们将永远有效。在任何衙门中也不得有违反此敕令的命令。”[③]

在神庙经济被大力扶植的情况下，古埃及祭司势力逐渐崛起，其中赫利奥坡里斯的拉神祭司集团的实力迅速膨胀，目前至少可以确定从第五王朝的第一位国王乌塞尔卡夫统治时期开始，赫利奥坡里斯的祭司集团拥有了无法超越的影响力。[④]在这一重要背景之下，拉神信仰与王权神化体现出了日益紧密的联系。从第五王朝开始，一种新型建筑——太阳庙出现。这种建筑由巨大的露天庭院构成，其中还耸立着最重要的建筑物——方尖碑，象征着赫利奥坡里斯创世神学中最初有太阳光的“奔奔”石[⑤]。太阳庙不仅是用来供奉太阳神的，同时也保留着祭祀已故国王的葬祭庙的性质，因此这种建筑象征着国王与太阳神的结合。此外，第五王朝时，古埃及国王与太阳神之间的关系被最终确立。古埃及国王的又一个王衔——

---

① 斯塔特，古埃及的土地面积单位，1斯塔特约合2375平方米。

② J. H. Breasted, *Ancient Records of Egypt*, Vol. I, London: Histories & Mysteries of Man Ltd., 1988, §155, §156, §159.

③ 北京师范大学历史系世界古代史教研室编：《世界古代及中古史资料选集》，北京师范大学出版社1999年版，第6—7页。

④ A. Gardiner, *Egypt of the Pharaohs: An Introduction*, Oxford: Oxford University Press, 1966, p. 84.

⑤ “奔奔”石与赫利奥坡里斯创世神学中的“原始丘”有关，根据古埃及的太阳神话，创世之神阿图姆是从“奔奔”石上升起的。

“拉之子”产生了，并且这一衔名在王名圈中有了固定的位置——位于王位名和出生名之间。新的王衔的出现阐明了古埃及王之神性直接来源于拉神，神王理念不仅完成，而且也走向了一个高峰。

以神的后裔和神的身份出现的埃及国王，他在古埃及社会中拥有的崇高地位是可想而知的。生前他要居高临下地统治他的子民，死后他在来世生活中也扮演着特殊的角色，享受到特殊的待遇。

2. 国王在来世生活中特权地位的部分表现

埃及的国王尽管被神化，但是他们毕竟都是肉身凡胎，当年老体衰时他们依旧逃避不了死亡的自然规律。出于对整个专制主义王权地位的考虑，即使是在死亡这件非常客观的事情上，古王国时期的埃及国王们也援引着神圣出身的线索，为自己的身后事构设出不朽的图景，以显示出他们不同于常人的至高无上的“特权”。

为了显示国王的神性，在古王国时期的丧葬文献中国王的死是不被承认的，像“死亡”这样的字眼通常都是使用在否定形式中或是作为一个敌对物出现的。

> “嗬，乌纳斯（古埃及第五王朝国王——引者注）！你没有死，你还活着！”
>
> “站起来，培比（培比一世——引者注）！你没有死。”
>
> “他们已经杀死你或者说你因为他们而死吗？你成为最为永恒的野牛而对抗他们，你会在他们面前永远活着。”①

除了“死亡”这样的字眼被特殊“处理”之外，已故国王对“奥西里斯”头衔的独享也显示出他们在永生这件事上的特权。在第一章中，我们曾提到了古埃及流行的奥西里斯神话及神王观念与奥西里斯信仰之间的关系。古埃及人将去世的国王看作是奥西里斯，而将其继任者看作是奥西里斯之子荷鲁斯的化身。我们通过研究古王国时期所遗留下来的各种丧葬文献发现，将死者称为“奥西里斯”的习俗，在这时只适用于国王本人：“醒来，奥西里斯，醒来！嗬，培比（培比一世——引者注）！站起来，请坐下，掸去沾于您身上的尘土！我来献上祭品，它会让您永世长

---

① James P. Allen, *The Ancient Egyptian Pyramid Texts*, Leiden: Brill, 2005, p. 31, p. 122, p. 234.

存。"[1] 在古王国时期的丧葬文献中，像这样将已故国王视作奥西里斯的例子比比皆是。国王们的生命在来世以奥西里斯复活的形式得到了"延续"，显示出国王所具有的永生能力。死后的国王化身奥西里斯主宰着死者的世界，依旧拥有至高无上的地位，这是古王国时期专制主义王权的集中体现。

尽管古王国时期，国王在来世生活中享有特权，但他们并非是对来世的垄断。国王以外的埃及人同样拥有着对来世的憧憬，只不过在一定程度上，他们抵达来世需要借助国王的力量，这也成为古王国时期埃及国王在来世生活中拥有特权地位的表现之一。在第一章中，我们曾提到一个装备完善的墓葬是死者进入来世生活并获得永生的重要条件。而属于古王国时期的多个文献证明，国王通过帮助贵族建造其墓葬或者提供丧葬装备从而成为贵族获得永生的保证者。

> "首席医师尼奈克塞克麦特在陛下面前说：'被拉所宠爱的人，期望您能赐予我一座石头假门[2]装备到我的墓地中的坟墓中。'陛下因此从特洛捷给他带回两座石头假门……陛下为假门涂上颜色，它们被涂成蓝色。"
>
> "我埋葬了我的父亲，大公萨乌，他比那些与他一样同处于南方（上埃及——引者注）的人都更显赫，更美好。上下埃及之王，涅菲尔卡拉（培比二世），永生，我向陛下恳求殊荣，从陛下处为萨乌获取棺木、衣服和节日香料。陛下于是让王室领地的监护人带来一副木棺、节日香料、（sft）油、衣服、200 块上等亚麻布和南方的细亚麻布……"[3]

作为古王国时期至高无上的神化王权在来世观念上的表现，古埃及国王在此时期的来世观念中拥有相当多的特权。不过最能反映国王崇高地位的来世特权主要还是表现在来世去向上。

---

① James P. Allen, *The Ancient Egyptian Pyramid Texts*, Leiden: Brill, 2005, p. 145.

② 假门是古王国时期典型的墓碑，是一个雕刻的嵌板门口的象征，它是从覆盖墓正面嵌板装饰的小礼拜堂发展而来。假门的设立暗示着允许死者进入小礼拜堂得到祭品并回到他的埋葬间。

③ J. H. Breasted, *Ancient Records of Egypt*, Vol. I, London: Histories & Mysteries of Man Ltd., 1988, §238 – 239, §382.

二　天国与冥府——被区别开的来世生活

来世作为死者灵魂的归宿，它究竟是怎样的一幅图景，它又在哪里？这是亘古以来人类社会无时无刻不在追问的问题。古代埃及人凭借着他们对自然的感悟及对来世生活的美好期望，以自己的方式对以上的问题做出了解答。笃信宗教的古埃及人始终相信来世的存在，不过在不同的历史时期他们对于来世的认识也是不同的。在古王国时期为了显示法老在来世生活中享有特殊的权利，所谓的来世地点有两个，一个是天国，一个是位于西方的冥府，前者只有国王才能到达，而后者是属于国王以外的人。

1. 国王在天国中永生

对于古埃及人而言，安排身后事的第一要务就是建造死后“永久的居所”，即便是国王也是如此。古王国时期埃及国王的王陵明显表现出了他们要死后升入天国的意图。

古埃及王陵的最早形式是马斯塔巴墓。① 这种墓葬形式起源于前王朝末期。早王朝时期，国王与贵族都采用此种墓葬形式，只是在规模上有所区别。古王国时期，由于国王的权威日益膨胀，他们已有能力调动全国的人力、物力来为自己修建宏伟的王陵。为了突出王权的至高无上，古王国时期的王陵逐渐发展成为以金字塔为中心的复合性建筑群，而马斯塔巴墓则不再作为王陵式样，转而成为非王室的高等贵族的专用墓葬形式。

金字塔的建造实际上经历了一个由阶梯金字塔到标准金字塔的演变过程。古王国时期第三王朝左塞王统治时期，他的维西尔（宰相）伊姆霍特普为其设计了所谓的阶梯金字塔。阶梯金字塔为石造建筑，以马斯塔巴为原型，由六层东西向伸张的不规则的马斯塔巴重叠而成。我们并不排除阶梯金字塔的出现是为了从陵墓样式上彰显出国王与贵族之间的等级差异，但我们也应注意到有学者认为阶梯金字塔的样式还有着一种宗教上的

① “马斯塔巴”是阿拉伯语，意为凳子。马斯塔巴墓由泥砖建成，分地上建筑和地下建筑两部分，地上建筑外观为长方形平台，远远望去如同阿拉伯人的长凳，因此而得名。马斯塔巴墓的地下建筑由若干墓室组成，从地上平台通过竖井到达地下埋葬间。

解释，即它是国王升天的阶梯。[①] 阶梯金字塔是真正的角锥形金字塔出现的前奏。在左塞王之后，古埃及的国王又进行了多次王陵建筑上的尝试，先后出现了所谓美杜姆的阶梯金字塔[②]、达舒尔的折曲金字塔[③]等多个向真正意义上的金字塔过渡的产物。直到第四王朝第一位国王斯尼弗鲁统治时期，所谓的红色金字塔[④]建成，真正意义上的角锥形金字塔才最终出现。斯尼弗鲁之后金字塔建筑进入发展的顶峰，我们所熟知的吉萨三大金字塔分别是在第四王朝连续三位国王——胡夫、哈夫拉、门卡拉在位时期建造的。这其中以胡夫金字塔的规模最为雄伟，原高 146.5 米，历经数千年岿然不动，被后人评为古代世界七大奇迹之一。

对于直冲云霄的金字塔的建造，其意义不仅在于表现了古埃及人建筑学上的奇迹，最重要的是它体现出了一种神学理念。古埃及人将金字塔这种几何学上的角锥形的准确建筑物称为“美尔”（mr），该词在象形文字中的限定符号为一个台座上的三角形图形“”，意为“升天的地方”[⑤]。“古王国时期的金字塔在太阳宗教里，被看作是太阳光线投射下来的具体象征，死去的国王将从这里登上天空。”[⑥] 从这个意义上看，金字塔作为古王国时期王陵的形式，它所要彰显的是此时期埃及国王神圣的出身和崇高的地位，以及他们在来世生活中所能享受到的特权待遇。

除了宏伟的王陵建筑本身，围绕着金字塔还有其他的丧葬习俗体现出了古埃及国王享有在死后升入天国的特权。1881 年，法国埃及学家马斯伯乐在第六王朝国王培比一世的金字塔内发现了一些刻写在墓壁之上的丧葬铭文，这就是埃及最早的丧葬原文——《金字塔文》。所谓的《金字塔

① Barbara Watterson, *The Gods of Ancient Egypt*, London: B. T. Batsford, 1984, p. 65.

② 美杜姆的阶梯金字塔建造于第三王朝胡尼国王的统治时期。它位于开罗以南 88 公里处的美杜姆，以左塞王阶梯金字塔为蓝本，由八层马斯塔巴叠加而成，后以当地石材将各层级之间填平，改造成具有倾斜面的角锥体的“真正”金字塔。现塔身大部分坍塌，残迹只剩台地上的三层阶梯式建筑。

③ 达舒尔的折曲金字塔建造于第四王朝斯尼弗鲁国王的在位时期。它位于萨卡拉以南的达舒尔地区。该金字塔最初的倾斜角是54°27′44″，但建到三分之二时，倾斜角突然改变为43°22′，从外观上看是一个有折角的畸形金字塔，因此而得名。

④ 红色金字塔因其建造的核心石材为红色石灰石而得名。折曲金字塔建成之后，斯尼弗鲁王并不满意，于是又建造了这座“红色金字塔”，该金字塔是按照标准的角锥体设计建造的第一座真正的金字塔。

⑤ ［英］罗莎莉·戴维著：《探寻古埃及文明》，李晓东译，商务印书馆 2007 年版，第 261 页。

⑥ A. J. Spencer, *Death in Ancient Egypt*, London: Penguin Books, 1982, p. 150.

文》通常是指以象形文字雕刻在第五、第六王朝国王金字塔内的丧葬铭文，这些铭文是为国王专门而作的咒语，通常与已故国王的复活和永生有关。古王国时期的埃及国王希望借助《金字塔文》在死后复活，升入天空，并得到永恒的神的承认。

> “乌纳斯，你会在天空中的众星中找到自己的位置，因为你是努特肩膀上唯一的星辰。”
>
> “伟大的天空，请把你的手臂伸向培比·涅菲尔卡拉！伟大的努特，请将你的手臂伸向培比·涅菲尔卡拉！培比·涅菲尔卡拉是你神圣的雄鹰。培比·涅菲尔卡拉已经到来，他会升上天空。”
>
> “麦然拉到达了天空的顶部……太阳神将把麦然拉安置在那些不朽者的最前面。”[①]

对于国王死后所到达的天国，古埃及人在宗教信仰里避免使用了“天堂”这样的字眼来对其进行描述。古王国时期的《金字塔文》使用了诸如“达特”“灯心草之地”“祭品之地”等这样的词汇来表明古埃及人对国王前往所独享的来世的丰富想象。

> “‘达特’（dwat 或 dat）是《金字塔文》中反复出现的有关来世的词语。”
>
> “荷鲁斯和塞特拉住乌纳斯的手臂，将他从达特中带走。”
>
> “你将在达特中变成阿赫，如同阿赫特之主那样过上愉快的生活。”[②]

《金字塔文》中，“达特”一词经常使用 dat 这一形式，有时也使用 dat 的变化形式 dwat，在某些段落里该词象形文字的限定符号为一个被环绕的星“𓇽”或是表示天空的符号“𓇯”。[③] 从这一点上看，“达特”很显然与天空特别是夜晚的天空存在着联系。一些《金字塔文》的段落也暗示了“达特”有着“夜间天空”的含义，比如说《金字塔文》提

---

① James P. Allen, *The Ancient Egyptian Pyramid Texts*, Leiden: Brill, 2005, p. 40, p. 289, p. 349.

② James P. Allen, *The Ancient Egyptian Pyramid Texts*, Leiden: Brill, 2005, p. 50, p. 155.

③ K. Sethe, *Die altägyptischen Pyramidentext*, Leipzig: Hinrich, 1908, Pyr. 257c, Pyr. 272a, Pyr. 820c.

到“猎户座被达特所环绕。”①

不过，在《金字塔文》中同样有段落表明“达特”与大地也有着联系。

“大地说：在你的面前，达特的大门已经打开，盖伯的门已经被推开。……你将坐着你金属的座椅穿越弯曲的沟渠去往天空，你面向努特的北方。”②

“达特”与天空和大地同时存在着联系实际上并不矛盾，因为古埃及人认为每天太阳西落之后都会在夜间的天空中继续巡行，而这个“夜间的天空”被认为存在于地下。③ 因此代表着“夜间天空”的“达特”应该位于地下。不过位于地下的“达特”并非与日间的天空毫无联系，最起码两者应该存在衔接的部分，因为在《金字塔文》中“达特”是已故的国王在升入天空前所要经过的地方，他们似乎要冲破大地之门才能从“达特”升入天空。

“天空之门已经打开，拱形的大门已经被推开。位于帕的众神欢呼雀跃，奥西里斯·培比涅菲尔卡拉来了……这位伟大的人来自于达特。”④

已故国王从位于地下的“达特”升入天空的场面让我们很容易联想到太阳在黎明时分从地平线呼之欲出的情景。而从“达特”语义的考察来看，这种联想并不是毫无根据的。“达特”一词的词根为 dwa，意为“早晨”⑤。从“达特”一词的含义分析中，我们管窥到古王国时期已故国王来世之旅的一些宗教象征意义，他们的死被看成是如同太阳东升西落一样的循环过程，因为这样“达特”也成了国王渡过夜晚等待黎明重生的地方。

除了“达特”，“灯心草之地”和“祭品之地”也是《金字塔文》中

---

① James P. Allen, *The Ancient Egyptian Pyramid Texts*, Leiden: Brill, 2005, p. 32.

② James P. Allen, *The Ancient Egyptian Pyramid Texts*, Leiden: Brill, 2005, p. 131.

③ James P. Allen, *The Ancient Egyptian Pyramid Texts*, Leiden: Brill, 2005, p. 429.

④ James P. Allen, *The Ancient Egyptian Pyramid Texts*, Leiden: Brill, 2005, p. 266.

⑤ A. Gardiner, *Egyptian Grammar*, Oxford: Oxford University Press, 1957, p. 487.

出现频率相当高的有关来世的词语。“灯心草之地”和“祭品之地”是死者的灵魂居住之所，是两个物质丰盈类似乌托邦的存在，对于“灯心草之地”和“祭品之地”的描绘主要是依据埃及的国土面貌。[①] 不过在古王国时期，《金字塔文》并没有描述“灯心草之地”和“祭品之地”的详细状况，但却表明了它们的位置所在。其中“灯心草之地”与天空有着密切的联系，去世的国王要经过“灯心草之地”。

> “特提（古埃及第六王朝国王——引者注）将要跨越到天空去往灯心草之地。”
>
> “索西斯（天狼星，古埃及人将其视为女神——引者注）将引导着你从灯心草之地去往通向天国的完美之路。”
>
> “培比（培比一世——引者注）他自己在灯心草之湖变得洁净。舒，舒，将这个培比举向天空！努特将你的手臂伸向他！”[②]

从这几段文献中可以看出，“灯心草之地”位于天空，但也很可能处在天空的外围。与之相比，“祭品之地”则是完完全全处于天空的范围内。

> “特提将居留在位于那些追随奥西里斯的永不消失的恒星中间的祭品之地。”[③]

根据上面的内容，我们初步总结一下古王国时期已故国王来世之旅的大致过程。去世的国王于黎明时分在“达特”中等待清晨的重生，当黎明到来时国王由神灵引领进入“灯心草之地”洁净身体，最后升入天空。与这种来世旅程不同，《金字塔文》中还有部分段落描述了已故国王作为努特之子进入天国的情景。

> “特提是我（指努特女神——引者注）的儿子，因为我要生育他，他在我的腹中；他是我所期望的，有了他我变得满足。”
>
> “努特，当你分配魔法之时你分娩了，……愿你把生命分给这个

① A. J. Spencer, *Death in Ancient Egypt*, London: Penguin Books, 1982, p. 148.

② James P. Allen, *The Ancient Egyptian Pyramid Texts*, Leiden: Brill, 2005, p. 86, p. 107, p. 174.

③ James P. Allen, *The Ancient Egyptian Pyramid Texts*, Leiden: Brill, 2005, p. 86.

培比（培比一世——引者注），那么他不会消亡。”①

在这里死去国王的归宿被看作是回到母亲努特的怀抱，而他的重生是努特的生育行为所造成，显然这借鉴了我们在第一章中所讲的太阳神话的内容。不过无论去世国王的来世之旅是怎样开始的，天国作为他们重生的目的地是确定无疑的。

正如从以上文献内容中所得知的那样，去世国王受到代表自然力量的神的扶助升入天空。不过在古埃及人看来，这仅仅是国王来世之旅的第一步，为了克服死亡获得永生国王们必须加入到宇宙永恒的秩序中。于是已故的国王常常被幻想为与自然融为一体，或化身星辰或陪伴太阳，总之与宇宙和谐的韵律相一致。

“天空中有一个较小的区域，出现于此的星辰虽然也在不停地降落，但却从未消失在地平线下。这些星星就是环绕北极运行的北极星，北极星被埃及人称之为‘不知毁灭之星’或‘不知疲倦之星’。埃及人把这些不死的星辰视为战胜死亡并得到永生的象征。”②《金字塔文》常常将升入天空的国王置于这些北极星之列以表示国王的不朽和永恒。

“请你转过身，看看国王和西方人之首③为你准备的食物，你可以到达那边的神灵那里，那些位于北方天空的不知毁灭之星。”

“你将抓住那些不知毁灭之星的手臂。你的骨骼不会腐朽，你的肉体不会消亡，特提；你的手足不会离开你，因为你是这些神灵之一。”④

太阳作为自然永恒运转的标志，毫无疑问成为生命不朽的象征。在《金字塔文》中，国王除了被看作加入到了“不会消失的星辰”行列之

① James P. Allen, *The Ancient Egyptian Pyramid Texts*, Leiden: Brill, 2005, p. 67, p. 107.

② ［美］H. 法兰克弗特、H. A. 法兰克弗特、约翰·A. 威尔森、陶克尔德·雅克布森：《人类思想发展史——关于古代近东思辨思想的讨论》，郭丹彤译，黑龙江人民出版社2005年版，第49页。

③ 西方人之首，这一称号最初属于早王朝时期流行于古埃及阿卑多斯地区的丧葬之神亨悌曼提乌，到了古王国时期随着奥西里斯信仰的发展，奥西里斯逐渐吸纳了亨悌曼提乌的神职取得了这个头衔。参见哈特：《埃及的神与女神辞典》（G. A. Hart, *A Dictionary of Egyptian Gods and Goddess*. London and New York: Routledge, 1986, p. 152.）和威尔金森《早王朝时代的埃及》（Toby A. H. Wilkinson, *Early Dynastic Egypt*. London and New York: Routledge, 1999, p. 288, p. 292）。

④ James P. Allen, *The Ancient Egyptian Pyramid Texts*, Leiden: Brill, 2005, p. 87, p. 107.

外，他们还被认为登上了太阳舟，进入到宇宙循环的旅程里。

> “太阳神，乌纳斯的座椅与你在一起，他不会将这座椅让给其他人。所以，太阳神，乌纳斯将伴随着你升入天空……”
>
> “特提使自己洁净，并看到了天空中的洁净之地。当特提看到他的洁净之地位于太阳舟的前端时，特提将会不朽，特提的完美之地将会不朽。”①

尽管升入天空的国王化为永恒，但是他们肉体死亡、离开尘世却是不争的事实。为了进一步确认国王生命的不朽，古埃及人还幻想着国王以灵魂的形式继续在天国生活下去。古埃及人所信奉的三个灵魂观念均出现在《金字塔文》中。

> “嗬，乌纳斯！你的卡的手臂在你的面前。嗬，乌纳斯！你的卡的手臂在你的背后。嗬，乌纳斯！你的卡的脚在你的面前。嗬，乌纳斯！你的卡的脚在你的背后。”
>
> “嗬，奥西里斯特提！……你的儿子荷鲁斯击倒了你的敌人，并取下了他的眼睛②献给你啊，通过它你能变成巴……”
>
> “嗬，培比！你来了，变成了阿赫，就像一位神，像奥西里斯的替代者那样接管。”③

不过在《金字塔文》中，似乎“卡”和“阿赫”更受到特别强调。在《金字塔文》中有着长篇累牍的献祭清单。比如乌纳斯《金字塔文》提到献给已故国王的祭品包括了面包、啤酒、水、禽类、香料、器皿、用具等，这其中要数食物的数量最为繁多。④ 我们在第一章中曾提到，献给死者食物祭品是为了维持生命力“卡”，很明显大量的献祭清单是为了保证已故国王“卡”的继续存在。在《金字塔文》中国王的“卡”会在天

---

① James P. Allen, *The Ancient Egyptian Pyramid Texts*, Leiden: Brill, 2005, p. 56, p. 93.

② 这里所说的“眼睛”指“荷鲁斯之眼”。根据奥西里斯神话，奥西里斯之子荷鲁斯在为父报仇的过程中被塞特夺走了左眼，后来在月神的帮助下荷鲁斯又夺回了这只眼睛，他还把这只失而复得的眼睛献给父亲“冥世之神”奥西里斯，因此在古埃及宗教中荷鲁斯之眼又是祭品的代名词。后来荷鲁斯之眼还逐渐演变成保佑人们平安的护身符。

③ James P. Allen, *The Ancient Egyptian Pyramid Texts*, Leiden: Brill, 2005, p. 19, p. 73, p. 100.

④ James P. Allen, *The Ancient Egyptian Pyramid Texts*, Leiden: Brill, 2005, pp. 21 – 29.

国中等待其尘世伙伴的到来。

> “有人去了他的卡那里：眼睛向前看去往他的卡那里，这个培比去往他的卡那里——去往天空。”[①]

不过仅仅具备生命力“卡”还是不够的，因为“卡”既属于生者也属于死者，既属于人也属于神。为了进一步突出已故国王的神性，《金字塔文》反复强调去世的国王会转变成“阿赫”，从而完成生命的延续并在来世里继续生活下去。

> “抬起你的脸，奥西里斯；抬起你的脸，哦乌纳斯，你变成了阿赫。”
>
> “哦，特提，当你成为阿赫时，你的位置多么让人满足，你处在你的神灵兄弟之间。”
>
> “特提呼唤那四位神灵[②]，那站在天边的四位神灵飞向特提，他们将把特提的名字告诉给太阳神，并把他的名字叙述给位于阿赫特中的荷鲁斯，他们说：‘他返回到你这里来了，他来到了你这里，解开了捆绑去掉了脚镣。’”[③]

已故国王转变成“阿赫”的地方被称为“阿赫特”。在古埃及语里“阿赫特”一词通常被译为“地平线”[④]。从这一意义上看，“阿赫特”应该位于天地的交界处。《金字塔文》的一些内容证明了这一点，并同时暗示“阿赫特”似乎与天空的关系更为紧密一些。

> “天空中阿赫特的大门将向你敞开，神的心因为见到你而欢愉，他们将把你带上天空……”
>
> “当你（培比二世——引者注）去往天空时，你出现在从‘阿赫

---

① James P. Allen, *The Ancient Egyptian Pyramid Texts*, Leiden: Brill, 2005, p. 176.

② 古埃及神话里有一种对天空的解释，认为天空是由四根擎天圆柱支撑的，每个柱子代表一个方向，每个方向又由一位神灵代表，东南西北四位神灵依次是杜阿木悌夫、屈伯塞努耶夫、伊姆塞悌和哈匹。

③ James P. Allen, *The Ancient Egyptian Pyramid Texts*, Leiden: Brill, 2005, p. 23, p. 71, p. 79.

④ Barbara Watterson, *Introducing Egyptian Hieroglyphs*, Edinburgh: Scottish Academic Press, 1981, p. 99.

特’来的道路上，盖伯将引导着你……”①

“阿赫特”在《金字塔文》中有着重要的宗教意义，它是作为众神的诞生地出现的。

> “麦然拉会穿越众多沟渠去往阿赫特，去往众神出生的地方，在那里他将和众神一起出生。”②

正因为“阿赫特”被视为众神出生的地方，所以当《金字塔文》提到已故国王或某位神灵从“阿赫特”中以“阿赫”的形式出现时，就意味着他们获得了新生。

在第一章中我们曾提到，死者以“阿赫”的形式生活在来世，暗示着死者拥有了神所具备的创造与再生的能力，可以进入永生之境。《金字塔文》中随处可见的去世的国王“变成阿赫”的提法，不仅是为了让国王们获得永生，更为了表明他们的神性身份。因为在《金字塔文》中，国王并不被视为死者，而是作为一位神灵，甚至是等同于太阳神、奥西里斯这样崇高的神灵。

> “听着，太阳神，这些话说给你听。你自己位于培比（培比一世——引者注）的身体里，太阳神：你在培比的身体里存活，太阳神。……这个培比将在天空的东方升起，就如同太阳在天空的东方升起一样。”
>
> “嗬，乌纳斯！你没有死，你会活着。……你的下臂是阿图姆的，你的上臂是阿图姆的，你的腹部是阿图姆的，你的背部是阿图姆的，你的臀部是阿图姆的，你的腿是阿图姆的……”
>
> “阿图姆，这个奥西里斯是你的儿子，你使他复活并活下去，他会活着，这个乌纳斯会活着，他不会死，这个乌纳斯不会死……”③

这里古埃及人特有的思维方式再次发生了作用，已故的国王被等同于多个神灵。在古埃及人看来将国王等同于哪位神灵并非是最重要的，最重

① James P. Allen, *The Ancient Egyptian Pyramid Texts*, Leiden: Brill, 2005, p. 105, p. 294.

② James P. Allen, *The Ancient Egyptian Pyramid Texts*, Leiden: Brill, 2005, p. 230.

③ James P. Allen, *The Ancient Egyptian Pyramid Texts*, Leiden: Brill, 2005, p. 179, p. 31, p. 34.

要的是在这种等同中已故的国王可以获得永生的力量。去世的国王无论是被称为奥西里斯还是完成像太阳东升西落那样的来世之旅，其实都寄托着古埃及人期待国王死而复生的愿望。而我们从这些等同中所发现的是太阳崇拜和奥西里斯崇拜很早就共存于埃及人的来世观念里。不过客观地讲，太阳崇拜和奥西里斯崇拜对于《金字塔文》内容的影响程度并不相同。《金字塔文》作为丧葬咒语汇编，其功用主要是帮助去世的国王像太阳那样升入天空，因此其大多数的内容都与太阳神话有关。尽管《金字塔文》也包含着大量奥西里斯神话的内容，但从某些内容上看，《金字塔文》中的奥西里斯神话受到了太阳神话一定程度的影响。有学者曾就《金字塔文》中一首献给奥西里斯的颂歌做出过分析，认为尽管颂歌是献给奥西里斯的，但是渗透着赫利奥坡里斯神学的影响，最初独立出来的奥西里斯信仰和赫利奥坡里斯神学紧密地结合在一起。① 这绝不是断章取义的认识，在《金字塔文》中，奥西里斯信仰的内容的确渗透着太阳神话的印记。

第一，奥西里斯使用了“天空之主”的头衔。根据奥西里斯神话，奥西里斯应该只与植物的繁衍、尼罗河的泛滥及冥世有关，而与天空并没什么联系。像“天空之主”这样的头衔很明显应属于太阳神，但在《金字塔文》中奥西里斯有时使用了这一头衔，比如一节名为“召唤奥西里斯”的咒语这样说道。

> “国王来到了你面前，天空之主。国王来到了你面前，奥西里斯。国王将会为你擦拭脸颊，并为你穿上神的衣裳。”②

第二，奥西里斯生活在天上。《金字塔文》中，奥西里斯最常见的头衔是“西方人之首”。

> “因为作为西方人之首的奥西里斯的名字是不易改变的，所以麦然拉的名字也是不易改变的。”③

这证明从古王国时期起奥西里斯即被看作是墓葬的保护神，与死者有

① Jean Sainte Fare Garnot, *A Hymn to Osiris in the Pyramid Texts*, JNES, 1949, pp. 101 – 102.

② James P. Allen, *The Ancient Egyptian Pyramid Texts*, Leiden: Brill, 2005, p. 129.

③ James P. Allen, *The Ancient Egyptian Pyramid Texts*, Leiden: Brill, 2005, p. 219.

关。根据奥西里斯神话，奥西里斯作为冥世之主应该生活在冥府当中，但是我们在《金字塔文》中有时也可以看到，奥西里斯作为迎接已故国王的神灵生活在天上，或是他被“不知毁灭之星”所追随。

> “嗬，培比·涅菲尔卡拉！平和地走向奥西里斯。这位大神的使者，平和地走向这位大神。天空之门已向你敞开，星光闪耀的天空已向你敞开。”
>
> “特提将居住在位于那些追随奥西里斯的永不消失的恒星中间的祭品之地。”①

之所以太阳崇拜在已故国王的来世生活中留有更多的光彩，主要还是和古王国时期的神化王权与宗教发展有着密切的关系。古王国时期埃及王权的神化主要依靠掌控着太阳神崇拜的赫利奥坡里斯祭司集团，王名圈的使用、“拉之子”王衔的出现及日益兴起的太阳庙建筑和具有相当实力的赫利奥坡里斯神庙经济就是最好的证明。作为王权神化的重要一环，国王的死后生活自然也要体现出太阳神的重要地位。

作为神和神的后裔，古王国时期的埃及国王们享受着死后升入天国的不朽来世，这是他们现实生活中至高无上地位的延续，也是他们与普通人相区别的重要特征。因此在这一时期，国王以外的普通人是享受不到升天的待遇的，他们死后的生活另有去处。

2. 贵族官僚在西方的冥府安息

古王国时期埃及人按照阶级关系主要划分为贵族奴隶主、中下层自由民和奴隶。其中贵族奴隶主主要包括国王、王室成员、官僚大臣和以高级祭司为首的祭司集团，中下层自由民主要包括中小奴隶主和普通的小生产者。从一定角度上来说，除了国王，贵族奴隶主和中下层自由民尽管会由于其阶级地位上的差异造成他们在宗教生活里所享受的部分权利有所区别，但他们相对于神和神王而言却有着同样的身份——“凡人”。如果从这一点出发，为了区别于神王所享受到的来世生活，中下层自由民的来世生活也应包括在本小节的研究范围内，但非常遗憾的是，我们不得不放弃这一部分的内容，其中的原因主要有以下两点：第一，古王国时期平民墓

① James P. Allen, *The Ancient Egyptian Pyramid Texts*, Leiden: Brill, 2005, p. 276, p. 86.

葬保存状况比较差，从这些墓葬中考古所得的丧葬资料极为有限；第二，古埃及有史以来涉及平民大众宗教信仰的资料就极为少见，古王国时期更是匮乏。鉴于此种情况，本小节只将作为“凡人”的贵族官僚的来世生活同神王的来世生活做一下比较。

《金字塔文》是研究古王国时期神王来世生活的重要文献，而我们对这一时期贵族官僚来世生活的了解，则主要是以刻写在他们墓碑或墓壁之上的私人墓铭为研究依据。从古埃及王朝时代之始墓铭便已出现，最初只是些简短的文字符号，涉及人、地方、财产、事物等。随着人们宗教意识的增强，古王国时期出现了祈祷文形式的墓铭文和具有文学内容的传记墓铭文，这些墓铭不仅反映出墓主的宗教意识和宗教活动，更反映出他们今生与来世的生活图景。

> “尊贵的长官，上埃及总督，宫廷总管，内恒（即涅亨，这里指国王的宫邸——引者注）监督，内赫布镇长，侍卫长，在奥塞利斯（即奥西里斯）之前受到尊敬的温尼……”
>
> “所有不洁净的人，那是说，如果他们吃了鱼——一个荣耀的灵魂所憎恶的东西，如果他们进入此墓，他们之对我不洁就如同对一个为他的神所赞美的荣耀的灵魂之不洁一样。我将抓住他，如同一只鸟一样，将他对我的恐惧投入他心中，好让所有的灵魂及世上的人们惧怕我，一个荣耀的灵魂。我会与他在那大神庄严的法庭中求公道。但如果任何人在进入此墓时已洁净，并且满意此墓，我会在墓地中和大神法庭中与他为伴。”①

这两段墓铭，一段是陈述墓主生前的官职和头衔，一段是保护墓主“永恒的居所”的咒语。尽管在内容上差别极大，但它们都提到了贵族死者将以灵魂的形式与神灵为伴。从这一点上看，尽管古王国时期贵族官僚的墓铭并没有像《金字塔文》那样直接提到永生的字眼，但其内容显然表明了贵族官僚也怀揣着对来世生活的期盼，只不过他们的这种期盼是以比较隐晦的方式表达出来的。

既然与神灵为伴，那么古王国时期的贵族官僚会不会也如同国王

---

① 蒲慕州编译：《尼罗河畔的文采——古埃及作品选》，远流出版事业股份有限公司 1993 年版，第 41、50 页。

那样可以进入天国生活呢？通过对这一时期墓铭的研究，我们得出了否定的答案。因为带有浓厚太阳崇拜色彩的《金字塔文》只是为了适应王权神化的需要，突出国王的至高无上。而对于那些只具有“凡人”身份的贵族官僚来说，他们的来世生活并不包含升入天国的内容。根据各种文献证据来看，对于一般人而言，死后的去向应该是位于西方的冥府。

> “国王给予的祭品和阿努比斯，神的第一大厅：愿她在高龄时在大神面前被葬于西方的墓地。”
>
> “王室掌印官，唯一的密友，船队的首席书吏，法官，首席书吏，尼－赫布塞德－培比被埋葬于他的墓中，他的墓在美好的西方沙漠。……愿西方的沙漠将她的手平和地伸向他，平和地到达大神的面前。”
>
> “国王给予的祭品，布塞里斯之主奥西里斯：愿他平安地去到西方神圣之路，如同那受尊敬者。”[①]

在古王国时期贵族官僚的墓铭里，“去往西方”的内容被反复提及。[②] 古埃及人对于死者的去向为西方的认识，最早的证据可以追溯到史前时代。自那时起，古埃及人的墓葬就开始集中设在尼罗河的西岸。在属于巴达里文化时期的墓葬中，死者的尸体成松弛的屈身状，而且大多数都是左侧卧，头朝南，脸朝西。[③] 这种埋葬方式很可能象征着死者在死后去往西方极乐之地。西方之所以被看作是死者的归宿，应该与太阳崇拜有关。西方是日落之处，日落象征着太阳的暂时死亡，不过古埃及人同时也相信太阳落下去后还会重新出现，因此西方也是孕育复活的世界。

对于贵族官僚而言，这个位于西方的来世，其生活图景与国王位于天国的来世生活有着巨大的差异。这一时期古埃及人来世生活的图景主要展

① M. Lichtheim, *Ancient Egyptian Literature*, Vol. I, London: University of California Press, 1975, p. 16, p. 18, p. 23.

② M. Lichtheim, *Ancient Egyptian Literature*, Vol. I, London: University of California Press, 1975, p. 15; 蒲慕州编译：《尼罗河畔的文采——古埃及作品选》，远流出版事业股份有限公司 1993 年版，第 51 页。

③ Elise J. Baumgartel, *The Cultures of Prehistoric Egypt*, Oxford: Oxford University Press, 1955, p. 21.

现在各种丧葬文献和墓葬浮雕绘画中。国王墓葬中的浮雕壁画主题主要是以是自传式的场面为主，表现日常生活场景，比如第五王朝萨胡拉国王的墓壁内就绘有他派遣的船队从叙利亚返航的场景，以及国王沙漠狩猎、在河中捕捉河马的情景。[①] 因为王陵浮雕壁画多为国王生前的写照，所以《金字塔文》成为我们了解古王国时期已故国王来世生活的最主要渠道。从《金字塔文》中可以看出，已故国王所在的天国完全是神的领地，他们在那里所享受的完全是以不朽为目的、以神灵为伴的来世生活，那种生活更是一种崇高的、超现实的想象。与国王的来世生活恰恰相反，贵族大臣们的来世被描绘成现实生活在另一个世界里的延续。由于这一时期贵族墓铭的内容主要以献祭祈祷和生前自传为主，对于他们来世生活的了解主要是通过墓葬内的绘画浮雕。这些墓内装饰的主题除了如同国王一样的自传式的场面外，最主要的就是描绘对墓主的来世供养。“在大奴隶主的坟墓里，还保存着狩猎、饲禽、捕鱼、耕耘、酿酒、造船等的操作情景。这些壁画，无一不是为了在坟墓中对死者担当起生活供养的责任。”[②] 国王与贵族官僚在来世生活内容上的不同表现出了他们身份上的差异，这是国王死后神性地位的又一个表现。

《金字塔文》指出升入天国的国王是以“阿赫”的形式继续活着成为不朽的。相比之下，贵族官僚的墓铭则未直接言明有关他们死后的灵魂问题。不过一些零星的墓铭语句和丧葬习俗，可以透射出该时期贵族官僚在死后似乎非常重视他们的“卡”。在这一时期的贵族墓铭中，死亡被描绘为“某人去往了他的‘卡’那里”，暗示着希望肉体死亡后生命力能够延续。另外在该时期的贵族官僚墓葬中会专门设立祭品间，祭品间里放置有食物祭品，墙壁上的浮雕和壁画描绘了死者站在祭品之前，以表示死者可以享用这些食物，以维系生命力“卡”。刻写在墓壁之上的铭文也常常提到祭品的存在抑或是希望后人能为墓主提供祭品。

> “一份国王给予的供品，阿努比斯，这样丧葬祭品给予了王室掌印官，唯一密友，受奥西里斯尊敬的人，尼－赫布塞德－培比。”[③]

① A. Gardiner, *Egypt of the Pharaohs: An Introduction*, Oxford: Oxford University Press, 1966, p. 88.

② 刘汝醴：《古代埃及艺术》，上海人民美术出版社 1985 年版，第 133 页。

③ M. Lichtheim, *Ancient Egyptian Literature*, Vol. I, London: University of California Press, 1975, p. 18.

“啊你们在世上的人，若经过这座墓室，北上或南下，若能说：‘一千块面包和啤酒给这墓的主人。’我将会在墓地中照顾他们。”①

作为超凡生命力的“卡”，它的维系需要物质支持，祭品间的设置以及墓铭中对祭品的要求必定是出于对“卡”维系的考虑。

除了以上几点，在古王国时期墓葬中“假门”的使用也显示出“卡”对于死者的重要性。在前面我们曾介绍过“假门”是一个雕刻的嵌板门口的象征，暗示着它允许死者进入祭品间得到祭品并回到他的埋葬间。早期的“假门”通常在上方的长方形平板上雕刻有墓主在祭品前就座的图像，后来发展为在“假门”的象征性门口放置死者的雕像。无论是雕刻的死者图像还是放置的死者雕像，都是死者的“卡”的雕像，暗示着死者在获得祭品之后重获生命力从“假门”中走出。为了加强“假门”对于复活的这种重要作用，古王国时期某些贵族墓葬的祭品间甚至设置了多重“假门”。② 大约从第三王朝开始，贵族官僚的墓葬还设置了专门的礼拜堂，这种礼拜堂的出现表明了死者希望在死后能够持续得到供养的愿望。从以上这几点来看，古王国时期的贵族官僚在来世生活中更关注是否能得到生命力的延续。这与国王死后变为“阿赫”形成了鲜明的对比，显然后者的神性和崇高地位显露无遗。

古王国时期专制主义王权的强大，使国王拥有至高无上的地位和权力，来世生活作为现实世界的幻象也反映出国王所拥有的旁人无可比拟的权威。由于身份和地位的明显差异，这一时期国王和贵族官僚们所经历的来世生活是完全不同的，这种不同显示的是神与人之间的巨大反差。然而有一点值得注意的是，无论是死后升天的国王，还是去往冥府的官僚贵族，在这一时期似乎他们都对所谓的来世表现出美好的愿望。在通常情况下，他们毫不怀疑来世的存在和舒适。他们还借助各种丧葬手段到达他们所期待的死后可以去往的归宿。

---

① 蒲慕州编译：《尼罗河畔的文采——古埃及作品选》，远流出版事业股份有限公司 1993 年版，第 47 页。

② Yvonne Harpur, Paolo J. Scremin, *Decoration in Egyptian Tombs of the Old Kingdom: Studies in Orientation and Scene Content*, New York: Routledge, 1987, pp. 63 – 64.

三　进入来世的诸多准备

无论是具有神的身份的国王还是只具有人的身份的贵族大臣，想获得进入来世的权利都不是完全无条件的。这些条件主要包括死后木乃伊的制作、墓葬及相关设施的建造、死后祭祀仪式的持续进行及保证生前品行的端正。这些为进入来世所做的准备从一个侧面反映了古王国时期埃及人来世观念的一些情况。

1. 木乃伊的制作

人的肉体是表明一个人存活的最寻常特征，所以古埃及人想方设法防止死者尸体的腐烂，以此来保证死去的人能够继续“存活”下去。出于这样的宗教目的，古埃及的木乃伊制作产生并发展起来。

古埃及人制作木乃伊的灵感来自于史前时代天然形成的干尸。史前时代，古埃及死者的尸体被葬于尼罗河西岸的沙漠边缘。这里极为干燥，尸体自然脱水后成为干尸。随着墓葬建筑的发展，尸体不再能直接接触沙地从而形成自然脱水，因此古埃及人逐渐发展出木乃伊的制作方法。“古埃及人制作木乃伊并不是简单地要保存它在生前的样子，其目的是让尸体转化成一个新的、永恒的身体，一个死者完美的形象。这个身体（莎赫）并不被希望能够站起来或者在死后可以行动，因为它的主要作用是作为灵魂‘卡’和‘巴’的住所。”[①] 通常认为古埃及人工保存尸体的技术出现在第一王朝初期。英国考古学家皮特里曾在位于阿卑多斯的第一王朝国王哲尔的墓中发现过一个被特殊处理过、用亚麻布包裹的手臂。[②] 用亚麻布包裹尸体的做法很可能是受到奥西里斯神话的启发。在奥西里斯神话中，奥西里斯被塞特害死和肢解，伊西丝找回了丈夫的尸体碎块用绷带缠好使其复活，所以古埃及人相信如能用亚麻绷带覆盖尸体和脸部，死者就能实现生命的永恒。[③]

古王国时期木乃伊的制作有了重大的进展。“胡夫母亲海泰斐丽丝墓中出土的保存内脏的方解石箱子，说明了至少到第四王朝开始，埃及人才

---

① J. H. Taylor, *The Death and Afterlife in Ancient Egypt*, London: British Museum Press, 2001, p. 16.

② A. J. Spencer, *Death in Ancient Egypt*, London: Penguin Books, 1982, p. 34.

③ 刘文鹏：《埃及考古学》，生活·读书·新知三联书店 2008 年版，第 375 页。

掌握了从体腔中摘取内脏的技术。”[①] 古埃及人认为被摘除的器官如肺、肝、胃、肠等在来世生活中有着重要的功用，所以在制作死者木乃伊时，它们都被单独摘除木乃伊化。[②]

死者的内脏被摘除后，尸体将放入天然泡碱中进行脱水处理。希罗多德在《历史》中称脱水的时间不能超过 70 天。[③] 脱水后的尸体被制作木乃伊的人从泡碱中取出进行清洗。清洗的目的是把尸身清理干净，但对于死去的国王来说是具有很重要的仪式意义。“在这种洁净仪式中，死去的国王不是重生，而是他的身体像奥西里斯一样复活。用来清洗尸体的水也不被看作是出于努恩或对太阳神有着神圣意义的池塘，而是被说成来自于厄勒藩汀，也就是第一瀑布地区，尼罗河传统上的源头。”[④] 木乃伊清洗完毕后，尸体将被涂抹上香料防止腐败，之后开始用亚麻布进行包裹。不过有一点值得注意，这一时期木乃伊的面部通常被涂上绿颜色。作为冥世之主的奥西里斯不仅与河流的泛滥有关，也象征着大地的复苏和植物的生长。在一些壁画中，奥西里斯就被描绘成是绿色的。因此木乃伊面部被涂成绿色意味着死者的复活。很明显，木乃伊的制作所具有的宗教意义主要是受到了奥西里斯神话的影响。

包裹好的木乃伊并不能马上送入墓穴，在安葬前必须进行所谓的“开口仪式”，这一仪式最重要目的就是让木乃伊复活。所谓的“开口仪式”最早只是用在雕像之上，目的是使雕像能够接受祭品。到古王国时期这一仪式逐渐由只适用于雕像变为也适用于木乃伊，《金字塔文》中就明确出现了“开口仪式”的内容，其大致步骤包括：奉献奠酒、焚香、清洗嘴部、奉献食物等。除了在《金字塔文》中发现了“开口仪式”的

---

① 刘文鹏：《埃及考古学》，生活·读书·新知三联书店 2008 年版，第 122 页。

② Byron E. Shafer, *Religion in Ancient Egypt: Gods, Myths, and Personal Practice*, London: Routledge, 1991, p. 49.

③ ［古希腊］希罗多德：《历史》，王以铸译，商务印书馆 1997 年版，第 146 页。

④ Alyward M. Blackman, *Some Notes on the Ancient Egyptian Practice of Washing the Dead*, JEA, 1918, p. 118. 传统上古埃及的国王生前每天都要进行“浸礼”仪式。一般认为这种仪式受到赫利奥坡里斯太阳神崇拜的影响。赫利奥坡里斯神学认为太阳神每天在东方出现前都要在努恩或者神圣的池塘中沐浴，活着的法老作为太阳神在人间的化身每天都要重复这一仪式，表现生命的又一次重生。参见布莱克曼：《奥西里斯还是太阳神？——答佩里先生》（Alyward M. Blackman, *Osiris or the Sun-God? A Reply to Mr. Perry*, JEA, 1925）和伽德纳：《法老的浸礼》（A. Gardiner, *The Baptism of Pharaoh*, JEA, 1950）。

内容，在这一时期一些官员的墓葬里还发现了进行“开口仪式”所使用的物品①，这说明贵族在死后也要进行木乃伊的仪式化。

2. 古王国时期的墓葬、棺及祭祀仪式

仪式化后的木乃伊就可以安放到墓葬中了。第一章曾谈到，坟墓可被视为死者再生的宇宙背景，因此坟墓无论其建筑结构还是其装饰设施都必须符合古埃及人对于宇宙再生的理解。

20 世纪 50 年代，考古学者在胡夫金字塔的南侧，发现了放有完整的太阳船零部件的坑穴，经鉴定这是属于国王胡夫的太阳船。关于太阳船的功用，史学界一直有所争论，一些学者认为太阳船有着实际作用，是专门用来运送已故国王尸体的，不过也有学者认为太阳船的功用是象征性的，已故的国王在死后可以乘着它追随父亲太阳神拉。② 如果太阳船真的是去世的国王用来追随太阳神的，那么胡夫的太阳船如同阶梯金字塔一样证明了对国王死后升天的认识要早于《金字塔文》流行的年代。

古王国时期除了第四王朝最后一位国王舍普塞斯卡夫一反常态建筑了圆顶、两端垂直的马斯塔巴墓之外，其他所有的王陵都是以金字塔为核心的复合式建筑群。金字塔王陵不仅从外观上反映出国王死后升天的特权式观念，其内部配合着《金字塔文》的建筑构造也展现了已故国王升天之旅的过程。我们以乌纳斯金字塔为例，位于金字塔地下的埋葬间被视为是国王等待重生的地点——“达特”。③ 从埋葬间至前厅有一段长长的过道，过道尽头连接着前厅的位置刻写着铭文：“乌纳斯，你站在了‘阿赫特’的门口。”④ 进入前厅之后第一段铭文是：“你从‘达特’中出现。”⑤ 从这两段前后相继的建筑格局以及相关铭文中我们知晓了“达特”与“阿赫特”的相对位置，以及已故国王从“达特”前往“阿赫特”的过程。乌纳斯金字塔前厅的最后一段铭文为：“为了登上日间之舟，‘阿赫特’的大门敞开。”⑥ 而连接着前厅与外部世界的走廊，其第一

① J. H. Taylor, *The Death and Afterlife in Ancient Egypt*, London: British Museum Press, 2001, p. 191.

② Cyril Aldred, *Egypt to the End of the Old Kingdom*, London: Thames and Hudson, 1965, p. 91.

③ James P. Allen, *The Ancient Egyptian Pyramid Texts*, Leiden: Brill, 2005, p. 429.

④ James P. Allen, *The Ancient Egyptian Pyramid Texts*, Leiden: Brill, 2005, p. 41.

⑤ James P. Allen, *The Ancient Egyptian Pyramid Texts*, Leiden: Brill, 2005, p. 41

⑥ James P. Allen, *The Ancient Egyptian Pyramid Texts*, Leiden: Brill, 2005, p. 59.

段铭文为：“拔下门闩，打开天空之门！”[1] 至此，国王升天的来世之旅呈现出来。

相比之下，作为普通人的贵族和官僚，他们墓葬的宇宙学意义则更多地显示出现实生活在西方极乐世界的延续。这一时期马斯塔巴是贵族官僚的专用墓葬形式，这种墓葬的构造要简单得多，其主要分为地下建筑和地上建筑两部分。地下建筑主要是死者的埋葬地。地上建筑分若干个房间，如同死者在现实生活中日常起居的住所，地上建筑的墙面装饰均为生活场景。这些现实主义内容表达了贵族们幻想将生前的真实生活带到西方世界的意愿。

谈到墓葬，我们不得不关注墓葬当中最重要的丧葬装备——棺。从某种意义上来说，棺在古埃及死者来世生活中的重要地位可同墓葬本身相媲美。坟墓被视为死者再生的宇宙背景，而棺应该是这一宇宙背景的微缩。在太阳神话中，被视为暂时死亡的西沉的太阳进入了天空女神努特的体内，等待黎明时的再生，因此努特在埃及宗教中也被视为死者的母亲。死者的木乃伊葬于墓穴、安置在棺内，就如同被努特所接纳拥抱，象征性地等同于一个小孩存在于天空女神的子宫内，这种安排把死者放进一个可能再生的位置中。[2] 所以努特在古埃及宗教里又被称作“棺”或“坟墓”[3]。

棺作为微缩的死者再生的宇宙背景，其在墓葬中的安放位置有着非常重要的宗教意义。通常情况下，无论是国王的还是贵族的棺，其棺顶都向北，棺脚向南，棺中木乃伊被安放在它的左侧，即靠近西侧的一面。这显示出死者来自于西方的认识。木乃伊的头被垫起，与脸面一起朝向东方，很明显表达了渴望再生的意思。

不过为了体现出等级的差别，古王国时期不同种类的棺在使用上有一定的区分。古王国时期棺的制作材料主要有木和石两大类，国王使用的都是上好石材凿成的石棺，石棺比较大，内套木棺。贵族多使用木棺，石棺也可以使用，只是这样的贵族身份都比较高。比如曾服务于特提、培比一世、麦然拉三位国王的上埃及总督乌尼曾获得国王赏赐的

---

① James P. Allen, *The Ancient Egyptian Pyramid Texts*, Leiden: Brill, 2005, p. 60.

② J. H. Taylor, *The Death and Afterlife in Ancient Egypt*, London: British Museum Press, 2001, p. 216.

③ G. Hart, *A Dictionary of Egyptian Gods and Goddess*, London and New York: Routledge, 1986, p. 146.

石棺：

“我向陛下我主恳求，使我可以得到（孟菲斯石场）拉·阿乌所出的石棺。陛下下令，使神的司库（大臣）率领船长的一队工人和他的助手渡过（尼罗河），以便送给我拉·阿乌所出的这种石棺。它随着他由大货船运到官邸来了，一起来的有（它的）棺盖……”①

棺的制作材料从某种程度上决定了木乃伊保存的完好程度，进而也影响到死者的来世生活，所以棺的使用所体现出来的等级差别显示了这一时期国王在来世生活中的特权地位。

无论是要升入天国的国王，还是要赶赴西方的贵族们，在他们被安放到墓中之后，一定要接受定期的祭祀以维系他们的“卡”，才能保证来世生活的平稳安乐。由于这一方面的资料极为缺乏，关于这一时期祭祀的细节很难被再现。然而金字塔附属建筑中所遗留下来的供桌、祭坛的残迹以及马斯塔巴中的礼拜堂说明了这样的祭祀活动的确存在着。另外有一点十分值得注意，由于地位和财富的差别，已故国王和死去贵族的祭祀活动的持续时间有着很大差别。第六王朝国王培比二世曾颁布敕令免除第四王朝国王斯尼弗鲁金字塔丧葬祭司及财物的赋役和税务。② 而这两个国王在位的间隔时间长达三百年。相比之下，对贵族们的祭祀持续时间就要短得多，但也有持续十几年的。比如第四王朝国王门卡拉时期有位叫亨努卡的贵族，他把一块地作为丧葬基金让其丧葬祭司来管理以维持对其的祭祀活动。到了第五王朝，国王乌塞尔卡夫将这块地赐给他的一位官员，条件是这位官员要继续担当亨努卡的丧葬祭司，而这时离亨努卡去世已有十余年了。③

从墓葬、丧葬装备以及祭祀仪式三个方面看，古王国时期国王与贵族在死后所享受到的丧葬待遇的等级差别是十分明显的，而且其中有一些内容体现出他们来世生活的不同去向以及在来世中不同的身份地位。

① 日知选译：《古代埃及与古代两河流域》，生活·读书·新知三联书店 1957 年版，第 20 页。

② J. H. Breasted, *Development of Religion and Thought in Ancient Egypt*, Philadelphia: University of Pennsylvania Press, 1972, p. 81.

③ J. H. Breasted, *Ancient Records of Egypt*, Vol. I, London: Histories & Mysteries of Man Ltd., 1988, pp. 213 – 214.

3. 道德条件

除了在物质和礼仪方面要做好准备以满足来世生活的需要外，我们惊讶地发现从古王国时期开始埃及人就将道德规范同来世生活相联系了。无论是在《金字塔文》里还是在贵族官僚的墓铭中都出现了表达死者生前道德品质高尚的内容。

《金字塔文》中年代最早的段落出于第五王朝国王乌纳斯的金字塔里。尽管乌纳斯《金字塔文》的内容不及其后人的内容丰富细致，但仍包含着表达国王品德良好的段落。

> “乌纳斯来到了他身边，就如同一位神灵来到了他身边。乌纳斯来到了他附近，就如同一位神灵来到了他附近。没有一个活着的人控诉乌纳斯，没有一个死了的人反对乌纳斯，没有一只鸭子指责乌纳斯，没有一头长角牛谴责乌纳斯。”①

利希泰姆分析这段《金字塔文》后，认为其蕴藏的深刻含义是：“国王没有对人、鸟、牲畜做任何错事。这种道德纯洁的证词表明了国王被允许进入天国不仅要有力量和坚定的信仰，还必须要具备道德的纯洁性。”②乌纳斯《金字塔文》中对道德宣扬的内容被其后继者所继承，在众多《金字塔文》段落中多次出现了类似的内容。③

与《金字塔文》中出现道德观念内容的时间大致相同，约在第五王朝末期贵族墓铭中也出现了有关道德的内容。

> “我来自我的城镇，我来自我的诺姆，我在那里公正地说话，正直地做事。……自我出生以来，我从未做过伤害人们的事，从未因为什么事让一个人和我度过一个气愤的夜晚。”④

到了第六王朝，在自传中宣扬自己道德的纯洁日益成为贵族墓铭中不可缺少的内容，而且还发展出一定的规范——以更多美德实例来表达品行

---

① James P. Allen, *The Ancient Egyptian Pyramid Texts*, Leiden: Brill, 2005, p. 50.

② M. Lichtheim, *Ancient Egyptian Literature*, Vol. I, London: University of California, 1975, p. 36.

③ James P. Allen, *The Ancient Egyptian Pyramid Texts*, Leiden: Brill, 2005, p. 159, p. 297.

④ M. Lichtheim, *Maat in Egyptian Autobiographies and Related Studies*, Göttingen : Vandenhoeck & Ruprecht, 1992, p. 9.

的良好。

> “我来自我的城镇，我来自我的诺姆，我为诺姆之主公正地做事，我用他喜爱的事使他满意。我说话真诚，做事正确。我说话公正，重复也公正。我抓住每个公正的时刻，因此我与人们站在一起。我裁判两个人以使他们二人满意，我竭尽所能把弱者从比他强壮的人手中营救出来。我给饥饿者面包，我给裸体者衣服，我把无船者渡上岸。我埋葬无子之人，我为无船的人造船。我尊敬我的父亲，我使我的母亲高兴，我抚养他们的孩子。绰号叫舍西的人这样说。”①

值得注意的是，大约在古王国晚期贵族的墓铭里多次出现了“大神的审判”或者类似的内容。② 由于墓铭并未言明“大神”是哪一位神灵，因此我们很难判断在贵族墓铭中奥西里斯是否就是主持道德评判的神灵。与贵族的墓铭相比，《金字塔文》则明确表示出了拉神和奥西里斯都充当着死者道德评判者的角色，而发挥相对更重要作用的并非是奥西里斯而是拉神。在《金字塔文》中，奥西里斯一般都被视为死去的国王，只在偶尔的情况下才显示出他与道德之间的关系。他在极少的咒语里被称作是“真理之主”③，另外还暗示出他很可能与死去国王的道德和永生相联系。

> “荷鲁斯，麦然拉已经来到了你面前，你可以为他这样做：你向奥西里斯说出那重要并完美的言语，通过这些言语麦然拉将会变得显赫而伟大。他的灵魂在他的体内，他的巴在他的周围……”④

荷鲁斯向奥西里斯“说好话”显然是为了让已故国王实现永生，因此这段内容从一个侧面表示了奥西里斯从古王国时期起就充当了死者的道德评判者。不过相比较而言，在更多的时候，拉神才是作为道德的评判者出现。在《金字塔文》中，拉神所乘的太阳船被称作是“正义之

① M. Lichtheim, *Ancient Egyptian Literature*, Vol. I, London: University of California Press, 1975, p. 17.
② 蒲慕州编译：《尼罗河畔的文采——古埃及作品选》，远流出版事业股份有限公司 1993 年版，第 47、50 页。
③ James P. Allen, *The Ancient Egyptian Pyramid Texts*, Leiden: Brill, 2005, p. 183.
④ James P. Allen, *The Ancient Egyptian Pyramid Texts*, Leiden: Brill, 2005, p. 185.

舟”（Maat－boat）[①]，死后加入众神行列的国王会被拉神接纳到太阳船之上遨游天地，这其中便暗含着拉神具有道德评判者的身份。另外一些《金字塔文》段落还直接提到了已故升天的国王受到道德的评判，并将代表正义和真理的“玛阿特”献与太阳神。

“麦然拉将要出现在天空的东边，那里是众神出生的地方。……麦然拉被宣告是清白的，麦然拉的卡被宣告是清白的：为麦然拉和他的卡而欢呼吧。”

“培比·涅菲尔卡拉在新年之时将玛阿特放在太阳神面前。天空满足，大地欢愉，因为他们听到培比·涅菲尔卡拉将要放下玛阿特（……他们欢迎）培比·涅菲尔卡拉进入法庭，因为正确的话语从他的嘴里说出来。”[②]

拉神在死者道德审判中所发挥的作用，不仅又一次证明了太阳崇拜和奥西里斯崇拜是并存在古王国时期埃及人的来世观念中，而且还表明这一时期在古埃及人的来世观念中太阳崇拜占有更为重要的地位。

四　小结

古王国时期是埃及专制主义王权极为强大的时期。这一时期为了显示王权的至高无上和神圣不可侵犯，在早王朝时代王权神化的基础上，古埃及的国王借助祭司集团尤其是赫利奥坡里斯的拉神祭司集团的力量，强化了国王的神圣身份。国王有了一个虚构的神性出身，被看作是“拉之子”，甚至在某种情况下就是拉的化身，在宗教上国王与神有着几乎同等的地位，接受着人们的崇拜。

在现实生活里，古埃及的国王在这一时期可以通过政治权力来显示他作为统治者和神的威仪。而为了表示他身份的神圣和与众不同，在来世生活中埃及国王也为自己构设出不同于常人的神圣图景。于是，这一时期已故的国王在来世生活中拥有相当多的特权，而其中最重要的特权就是他们死后的去向是飞升天国。属于国王的位于天国的来世，完全是一番幻想出

---

① James P. Allen, *The Ancient Egyptian Pyramid Texts*, Leiden: Brill, 2005, p. 151.

② James P. Allen, *The Ancient Egyptian Pyramid Texts*, Leiden: Brill, 2005, p. 222, p. 244.

来的神界生活，国王通过加入到拉神的永恒之舟或是成为“不知毁灭之星”而获得永恒的生命，总之将国王的来世单独置于天国就是要强调国王的神性身份。不过，死后飞升天国作为古王国时期国王在来世生活中所独享的特权，从某种角度上也应该代表了这一时期埃及人对于来世认识的最高理想。

与具有神性身份的国王相比，只是“凡人”的贵族官僚死后的去向是位于西方的冥府。而且从这一时期的墓铭来看，贵族们要想进入西方的极乐之地还需依靠国王的荫蔽。作为国王在来世生活中所享有的特权之一，他们往往通过为贵族们提供丧葬装备以使他们的灵魂有个安稳的归宿，以便在西方找到再生的位置。

国王与贵族之间来世去向的区别，折射出的是古王国时期神王观念巨大的影响力。同时从这种来世生活的区别中，我们还能察觉到这一时期古埃及人宗教信仰的一些发展状况：第一，古王国时期奥西里斯信仰已经出现，而且奥西里斯作为与丧葬有关的神灵的身份在这时也被确认了。第二，这一时期古埃及人的来世观念受到太阳崇拜和奥西里斯崇拜共同的影响。从古王国时期各种丧葬文献中可以看出，古王国时期埃及人对位于天国的来世表现出一种推崇，奥西里斯崇拜在某种程度上有着太阳崇拜化的印记，太阳神还充当了死者在来世中道德评判者的角色，这一切都表明太阳崇拜在古王国时期埃及人的来世观里扮演着更为积极和重要的角色。由于古王国时期王权神化的要求，太阳崇拜在这一时期受到极大的推崇，因此我们看到此时期埃及人的来世观念包含着众多的太阳神话的内容。而这些内容又因为同王权相联系，所以它最终所要体现的就是权力在来世生活中的至上地位。

虽然在来世去向上，已故国王和贵族并不相同，但是他们对来世的美好期待却是一样的。无论是神圣的还是现实延续性的，死后生活都体现出古王国时期埃及人对于来世的肯定与平和的态度。

第三章　中王国——来世生活的民主化

由于种种原因，古埃及的古王国时期在第六王朝之后逐渐衰落了，此后古埃及在第七至第十王朝时期，整个国家陷入了无政府的状态，历史学家将这一时期称为“第一中间期”（约公元前 2181—公元前 2060 年）。大约在第一中间期的后期，第十一王朝（公元前 2133—公元前 1991 年）建立。第十一王朝是一个特殊的朝代，它的前四代国王在位时期还处于第一中间期之内，到了第五代国王孟图霍特普二世统治时期，第十一王朝从激烈的权力斗争和角逐中脱颖而出，孟图霍特普二世重新统一了古埃及，开创了一个崭新的时期——中王国（公元前 2060—公元前 1786 年，包括第十一、第十二王朝）。

由于中王国特殊的创建背景，其社会生活尤其是政治生活深受第一中间期动荡的影响，中央与地方一直处于权力的角逐中，神化的王权在某种程度上出现了衰弱的迹象，相比之下，地方贵族势力则有所增长。现实生活的改变直接导致了古埃及人宗教信仰特别是来世观念的变化：国王不得不放弃了对位于天国的来世生活的独享，拉神崇拜伴随王权的变化而受到冲击，随着神王和拉在来世生活中的影响力下降，奥西里斯信仰逐渐发展起来。于是，我们看到在中王国时期的来世观念里，天国和冥府是两个并存着的来世地点。

一　王权衰弱与来世民主化

与古王国时期相比，中王国时期的王权在一定程度上比较衰弱，地方贵族的势力则相对增强。而这些在来世观念中的反映就是国王在来世生活里的特权地位逐步丧失，贵族们开始僭越曾是国王在来世所独享的权利，国王与普通的埃及人尤其是贵族在来世生活中的差别逐渐消失了。

1. 王权的衰弱

中王国时期王权的衰弱是相对于古王国时期而言的，古王国时期曾实行的是绝对的君主专制主义，但是那样至高无上的王权已一去不复返了。中王国时期王权的相对衰弱是历史长期造成的结果，第一中间期古埃及社会的动荡对王权的衰弱有着十分恶劣的影响。

第一中间期时，由于古埃及国家陷入混乱的无政府状态，地方贵族在自己的领地内掌握着巨大的权力，这一时期地方贵族已开始世袭，并自称为“伟大的统治者”①，这个头衔表明了地方贵族在其居住和统治的地区中势力的增长。“地方的统治者已经不用国王在位的年代，而是使用自己的统治年代来记载铭文的日期了。他们在自己地区中组织自己的军队，认为自己几乎是不受国王监护的。”② 大权在握的地方贵族俨然不把偏安一隅的王室放在眼里，各州之间为了吞并对方争夺权力长期存在着斗争。在第一中间期希拉康坡里斯州州长安克提斐的墓铭中记载了对于埃德福的征服。

> “王子、大公、王室掌印管、唯一的密友、诵经祭司、将军、侦察兵长官、国外领地的长官、埃德福和希拉康坡里斯诺姆的伟大统治者，安克提斐说：‘为了生命、繁荣和健康，荷鲁斯把我带到埃德福（古埃及荷鲁斯神的崇拜中心之一——引者注）重建它，于是我这样做了。因为荷鲁斯希望它被重新建立起来，我被荷鲁斯带到了埃德福以重建它。’”③

在这种社会背景下，王权已变得虚弱不堪，常常陷入反叛的阴谋，有着随时被废黜的危险。在《对美利卡拉王的教谕》中，第十王朝的统治者阿赫托伊三世教育他的继任者美利卡拉要仁慈地对待他所统治的民众，但反叛除外，可见当时存在着针对王室的阴谋活动。

第一中间期古埃及国家四分五裂的社会现实持续了一个多世纪，终于

① J. H. Breasted, *Ancient Records of Egypt*, Vol. I, London: Histories & Mysteries of Man Ltd., 1988, §377, §381.

② ［苏联］阿布基耶夫：《古代东方史》，王以铸译，生活·读书·新知三联书店1956年版，第230页。

③ M. Lichtheim, *Ancient Egyptian Literature*, Vol. I, London: University of California Press, 1975, p. 85.

在第十一王朝孟图霍特普二世统治时期结束，埃及两地得到了统一。不过漫长的社会积弊即使到了中王国时期仍像阴云一样笼罩在社会生活里。虽然中王国时期的国王采取了多种措施以挽回王权，但客观地讲这些措施的效果很有限。神王观念虽然在形式上维持着，但其实际的威慑力并不是很大，因为直到第十二王朝阿蒙尼姆赫特三世时，地方势力才被最终击溃，然而没有多久中王国就灭亡了。因此从总体上看，这一时期与古王国相比，王权还处于相对衰弱的状态，其主要表现如下。

第一，围绕着王权的权力斗争依旧非常激烈。中王国时期围绕在国王左右的贵族大臣实力还是相当强，并很可能成为觊觎王位的危险力量。比如阿蒙尼姆赫特一世就曾是第十一王朝国王孟图霍特普四世的维西尔，阿蒙尼姆赫特凭借手中的权力篡位建立了第十二王朝。[①] 此外，中王国时期宫廷内部的权力斗争也相当激烈。这一时期的《阿蒙尼姆赫特教谕》讲述了国王在宫廷政变中死去的事件。

> “当我入睡后，保护我的武器转来攻击我，当我还像沙漠中的一条蛇似的时候。我被战斗声吵醒，发觉是卫士们在打斗。若我能够迅速地把武器拿在手中，我应该能够使那些懦夫仓皇退走。但没有人在夜里还能强悍，没有人能独自奋战，没有助手是不会有成功的。于是在你不在我身边时发生了流血事件，大臣们尚未听到我将传王位给你，而我尚未能与你坐在一起，给你告诫。因为我还没有准备停当，也还没有预想到此事，更没有料到仆从的变心。”[②]

同时期著名的散文故事《辛努赫的故事》证实了这场政变极有可能是确有其事。[③] 在《阿蒙尼姆赫特教谕》中，已故的老国王警告他的继任者要当心手下的臣子、不要信任任何人。本来国王的神性是被全埃及人所信仰的，但此时国王却被阴谋所害，王权的权威颇耐人寻味。

第二，国王在经济上的绝对支配地位在中王国时期动摇了。古王国时

---

① I. E. Edwards and others, eds., *The Cambridge Ancient History* (*third edition*), Vol. I, part 2, Cambridge: Cambridge University Press, 1971, p. 493.

② 蒲慕州编译：《尼罗河畔的文采——古埃及作品选》，远流出版事业股份有限公司 1993 年版，第 161 页。

③ 《辛努赫的故事》的主人公辛努赫是阿蒙尼姆赫特一世统治时期的一位大臣，在一次宫廷政变中由于害怕受到牵连，辛努赫逃亡到巴勒斯坦。流浪多年后，他得到国王的恩准回到故土安享晚年。

期金字塔王陵的建造反映出了国王在国家经济生活中的无限权力，他可以调动全国的人力、物力和财力来为自己营建死后的居所。但是这种情况在中王国时期发生了改变，王室收入受到地方贵族某种程度的控制。中王国时期王室最主要的财政收入来自于分散在各诺姆内的王室领地。王室在各诺姆的收益并不是直接转给王室，中间还要由各诺姆的长官经手，而且为了表示对各诺姆照顾王室领地的感谢，每年地方贵族还会从王室领地的收益中抽取一定份额，作为报偿。在第十二王朝羚羊州州长阿明尼的墓铭中就记载了当时的一些情况。

> “我是一个亲切、有爱心并且被他的城市所喜爱的统治者。现在，作为羚羊州的统治者我度过了岁月。所有王室的收入都要经过我手。负责管理羚羊州牧羊人的王冠所有者的大监工[①]，从他们的牛当中挑选出3000头给我。”[②]

从阿明尼的墓铭中可看出，当时国王对于经济的操控已不是随心所欲了。

第三，国王对地方控制能力有限。受到第一中间期社会动荡余波的影响，地方贵族虽在名义上统一在中央政府之下，但在自己的辖地内俨然是小型的国王。在他们的驻地，围绕在他们周围的是像国王的官员与内眷那样的人。在地方贵族的辖地里还设有像中央政府这样的官署，以及首席司库、司法官、书吏那样的职务。甚至在这一时期，有些贵族还僭越了曾是国王才具有的权力，成为高等祭司和祭司集团的首领，建造神庙，命令辖地内的武装力量，建立大型的公众建筑物等。[③] 对于地方贵族所掌握的相当的权势，有时国王也无能为力。比如羚羊州的统治者家族是第十二王朝时期相当有势力的地方贵族。从阿蒙尼姆赫特一世时代，该家族的克努姆霍特普就成为羚羊州的王公，掌控着全州。此后该家族又历经了三代，不仅通过世袭始终掌握着羚羊州的统治权，甚至还通过联姻掌握了临近豺狼州的统治权。而对于这个家族权力的膨胀，从阿蒙尼姆赫特一世到塞索斯

---

① 为了管理王室在各诺姆内的领地，国王会任命一些人为“王冠所有者的大监工”，这些人常驻各诺姆管理王室的收益。

② J. H. Breasted, *Ancient Records of Egypt*, Vol. I, London: Histories & Mysteries of Man Ltd., 1988, §522.

③ J. H. Breasted, *A History of the Ancient Egyptians*, New York: Charles Scribner's Sons, 1905, p. 140.

特里斯二世几代国王并没有做出任何压制的决定，相反还颁布任命的诏令，顺应了其家族内部的世袭。[①] 这从一个侧面反映出了当时王权对于地方势力的控制力度相当有限。

从以上的情况来看，中王国时期的国王其神王的权威已大大缩水。这种虚弱的王权不仅影响到整个国家的政治生活，也波及这一时期古埃及人的来世观念。

2. 来世的民主化

衰弱的王权使古埃及人原本信奉的神王观念受到了严重的打击。国王在来世生活中所享有的特权曾经是神王观念得以维系的重要手段和内容之一，但在中王国时期这种特权则逐步地开始消失。

中王国时期古埃及人在来世观念上的最重要的变化就是原本只应用在已故国王身上的丧葬仪式和礼仪现在被地方的大贵族所使用，而之后又逐渐地被所有有能力为自己提供必要的丧葬装备和丧葬文献的埃及人所使用。学者们一般称中王国时期的这种现象为来世民主化。[②] 目前也有人认为来世民主化现象其实早在古王国末期便已存在，只是经历了第一中间期之后在中王国时期变得更为明显而已。[③] 这种观点也不无道理，因为作为来世民主化的重要表现之一，死后与奥西里斯相关联的认识被普通人所采用最早是出现在古王国末期的。[④] 不过，从考古学的研究成果来看，来世民主化在丧葬习俗上的种种表现的确是在中王国时期才完全而普遍地出现的。其实这也很容易理解，作为一种观念上的变化，它的发展历程会有一个漫长的历史阶段，来世权利的民主化正如中王国时期王权的衰弱一样，是历史长期造成的结果。

在来世民主化的过程中，某些丧葬文献的适用人群出现社会阶层下移

---

① 参见北京师范大学历史系世界古代史教研室编：《世界古代及中古史资料选集》，北京师范大学出版社 1999 年版，第 16—19 页；布利斯特德：《古代埃及文献》第一卷第 619—633 节（J. H. Breasted, *Ancient Records of Egypt*, Vol. I, London: Histories & Mysteries of Man Ltd., 1988, §619-633.）。

② I. E. Edwards and others eds., *The Cambridge Ancient History* (*third edition*), Vol. I, part 2, Cambridge: Cambridge University Press, 1971, p. 520.

③ Janet Richards, *Society and Death in Ancient Egypt: Mortuary Landscapes of the Middle Kingdom*, Cambridge: Cambridge University Press, 2005, pp. 8-9.

④ Douglas J. Brewer and Emily Teeter, *Egypt and the Egyptians*, Cambridge: Cambridge University Press, 1999, p. 88.

是一个重要现象。保证在来世中获得永生的丧葬咒语不再被国王所独享，更多的古埃及人能得到这些咒语的护佑。有关这一问题我们会在后文中详解，在此暂不赘述。

除了丧葬文献的独享权被打破，国王对于臣属死后生活的荫蔽作用也大大减少了。古王国时期国王通过为贵族官僚提供丧葬装备以保证他们的来世生活，但是这种事例再没有出现于中王国时期贵族官僚的墓铭中。古王国时期作为国王在来世生活中的特权，贵族官僚的马斯塔巴都建于王陵的周围，以示臣属希望在国王的荫蔽下进入来世继续为其服务之意。然而到了中王国时期，这种现象则在减少。尽管仍有部分臣属的马斯塔巴匍匐在国王陵寝的周围，但有更多的贵族官僚远离王陵在悬崖中自行开凿岩窟墓以代替马斯塔巴作为自己的墓葬。在这些岩窟墓中，某些规模非常大，并模仿王家墓葬的复合体，有着众多的附属建筑，其内部装修装饰也非常精美，体现出了贵族豪强势力的特权。[①]

此外我们还注意到，来世民主化所波及的范围不仅限于贵族阶级，还包括一些“有能力”（主要指财力）的非贵族阶层，埃及学界通常将这一阶层定义为“中等阶层”。“中等阶层存在的事实是毫无疑问的，这一阶层包括小官吏、具有某种专业技能的人、工匠和富裕的雇员。”[②] 这些人在来世民主化的进程里的确起到了推波助澜的作用：在中王国时期集中反映埃及人来世观念的地区——位于阿卑多斯的奥西里斯墓地附近有将近八百块属于中等阶层的墓碑，其中有四分之一的碑主没有任何的官职和头衔。除了墓碑他们中的大多数在中王国时期拥有自己的坟墓，并配备了必要的丧葬装备，这在古王国时期是没有的。[③] 尽管中等阶层为我们提供了相对于古王国时期更加丰富的丧葬信息，但我们仍不得不将其置于本章的研究范围之外。这是因为本文对古埃及人来世地点变化的研究主要是基于各种丧葬文献，目前我们并不能确定中王国时期流行的丧葬文献是否在中等阶层中广泛使用，因为中等阶层墓铭绝大多数只是些简单的献祭名单。

在来世民主化这个问题上，我们还有一点必须明确，即“来世民主化”这个词并非暗示着在来世生活里神王与普通人之间的地位差异被最终抹杀。

---

① 刘文鹏：《埃及考古学》，生活·读书·新知三联书店2008年版，第188页。

② D. Redford ed., *Encyclopaedia of Ancient Egypt*, Vol. Ⅱ, Oxford: Oxford University Press, 2001, p. 396.

③ J. H. Breasted, *A History of the Ancient Egyptians*, New York: Charles Scribner's Sons, 1905, p. 146.

在中王国时期最流行的丧葬文献中，所有的死者都被称为“奥西里斯，某某”，这仅仅是表示死者的意思，因为每个埃及人在死后都希望能像奥西里斯那样在来世复活并获得永生。① 实际上，在来世民主化这个过程里，“国王与其臣属无论是生命还是死后的装备继续存在着差异，金字塔墓葬依旧只限于王室使用就是例证。”② 对于“民主化”这个词的使用只是想表明某些曾经被国王独占的权利现在被打破或被更多的人享有而已，王权相对的衰弱并不意味着王权建立的理论基础——神王观念在中王国时期来世观念里的彻底坍塌。对于古埃及人而言，神王是连接宇宙与社会至关重要的力量，是保持社会正常运转的关键，出于这一传统他们是不会放弃神王观念的，只不过在这时神王的影响力不及古王国王权巅峰时期而已。

二　缺乏神王护佑的来世生活

在古王国时期国王和贵族死后的去向是不同的，但在中王国时期随着来世民主化的进程，这种差异逐渐消失了。贵族们现在可以像国王一样进入神的领地，在天国中追随太阳神受到神的庇佑。与此同时，随着奥西里斯信仰在中王国时期的发展，奥西里斯及其统治的冥府在《棺文》中也占据了越来越重要的地位。因此我们看到，在中王国时期死者的来世生活显示出的是天国与冥府的并存。不过与古王国不同的是，中王国时期的埃及人对来世产生了很多的恐惧认识，来世生活不再完全是怡然自得的现实生活的延续。

1. 死者在天国和冥府中的来世生活

前文中我们曾提到，在来世民主化的大背景下中王国时期丧葬文献的适用人群出现了社会阶层下移的现象。古王国时期国王曾独享保证在来世中获得永生的咒语汇编——《金字塔文》，到了中王国时期这种特权被打破。随着丧葬原文的发展，一种新的丧葬文出现，这就是《棺文》。《棺文》同《金字塔文》一样是一种咒语汇编，通常是刻在木棺的里层表面上（偶尔也刻在墓壁或写在纸草上），因此而得名。《棺文》的内容部分来源于《金字塔文》，并增添进新的材料，其咒语的功用主要是保证死者

---

① 刘文鹏：《埃及考古学》，生活·读书·新知三联书店2008年版，第196页。

② J. H. Taylor, *The Death and Afterlife in Ancient Egypt*, London: British Museum Press, 2001, p. 195.

在来世继续生存，免受各种危险。《棺文》在中王国时期并不局限于王族使用，还出现于不同地方的官员及其家族的墓葬中，甚至可能出现于所有的埃及人的墓葬中，“尽管最底层的农民为自己的神化只有在极不寻常的情况下才能购买得起仪式和咒语书（指《棺文》——引者注），但在理论上这样的机会是对他们开放的。”① 对于这一时期古埃及人对来世地点的研究，我们主要依赖的就是《棺文》所提供的资料。由于《棺文》的使用打破了国王独享的特权，因此其内容所反映出来的来世观念至少也是可以被贵族享有的。

有关《棺文》的内容，利希泰姆曾做过一个既形象生动又准确到位的评价：“作为一个汇编，《棺文》条理的清晰性要远逊于《金字塔文》，因为它们缺少一个自成一体的观点。《棺文》受到对魔法依赖的鼓舞，丧失了祈祷行为的谦逊性和理性的限制。……对死亡的恐惧和对永恒生命的渴望都被置于魔法师的大锅中进行调制，最后从这口大锅里出来的都是些最狂乱的魔法咒语。”② 的确，《棺文》咒语之间极为松散的联系使我们在研究过程中很难对其进行梳理与把握。不过，如果换一个角度，将《棺文》各咒语间的联系置于次要地位，并从宏观上考察《棺文》内容的基调，那么我们会发现其实《棺文》的焦点内容很简单明了，就是为了获得永恒的生命追随神灵，特别是拉和奥西里斯。

由于《棺文》的部分内容直接来源于《金字塔文》，所以像《金字塔文》中描绘的那样，升天之旅也被保存了下来。首先死者要到达“达特”并在那里等待黎明时分升天。

> “哦，某某（指死者——引者注，下同），到我这里来吧，因为通往达特的道路的大门已向你敞开。”
>
> “嗬，某某！你将升上天空……那些位于达特中的神灵们已经允许你美好地现身；你将从夜间之舟中下来并登上日间之舟……”
>
> “去吧，我的灵魂……你将从达特中升起沐浴在日光里。”③

---

① John A. Wilson, *The Culture of Ancient Egypt*, Chicago and London: University of Chicago Press, 1951, p. 117.

② M. Lichtheim, *Ancient Egyptian Literature*, Vol. I, London: University of California Press, 1975, p. 131.

③ R. O. Faulkner, *The Ancient Egyptian Coffin Texts*, Vol. I, Oxford: Aris & Phillips Ltd., 1973, Spell 315, Spell 18, Spell 99.

在《棺文》当中，“达特”还成为死者沐浴的场所。

“我在达特的湖泊中沐浴……”

“我在达特的池塘中沐浴，之后登上舒的领地，那里属于天空。”①

在死者沐浴之所这一点上，《棺文》与《金字塔文》明显不同，因为在《金字塔文》中，位于一片水域当中的“灯心草之地”才是已故国王进行沐浴的净化之所。

在《棺文》中，达特不仅变成死者的沐浴之地，而且死者在这里等待黎明升天时还要跟随太阳神完成一个重要的任务，即保护太阳神免受巨蛇的攻击。在《棺文》里出现了一条名叫阿波菲斯的巨蛇。根据古埃及神话每天太阳西落进入地下世界时，阿波菲斯都会尾随其后伺机攻击他以阻止他升入天空。② 所以我们在《棺文》中常常看到死者显示自己是太阳神的保护者从而表明自己有资格升入天国。

“将拉神从阿波菲斯的风暴中解救出来的人是我，拉神不会倒下去。”③

“我来了，我会将阿波菲斯赶走，并且我知道了去往北部天空的路径。”④

正如《金字塔文》一样，从“达特”升入天空的死者将前往所谓“灯心草之地”和“祭品之地”。意义已发生转变的“灯心草之地”，在《棺文》的某些段落里它也被描绘成物质丰盈并可以让死者享受食物的乐土。

“我认识拉的灯心草之地。它的围墙是金属的，其中的大麦有4

① R. O. Faulkner, *The Ancient Egyptian Coffin Texts*, Vol. II, Oxford: Aris & Phillips Ltd., 1974, Spell 551, Spell 587.

② Erik Hornung, *The Ancient Egyptian Books of the Afterlife*, trans. David Lorton, Ithaca and London: Cornell University Press, 1999, p. 9.

③ R. O. Faulkner, *The Ancient Egyptian Coffin Texts*, Vol. III, Oxford: Aris & Phillips Ltd., 1978, Spell 1094.

④ R. O. Faulkner, *The Ancient Egyptian Coffin Texts*, Vol. II, Oxford: Aris & Phillips Ltd., 1974, Spell 644.

肘高，麦穗有1肘长，麦秆有3肘长。那里的燕麦有7肘高，它的麦穗有2肘长，麦秆有5肘长。9肘高的地平线上居民和东方灵魂一同收割。”

“你到达了灯心草所在的陆地，你吃着两个神秘庄园中的瓜果。”①

在《棺文》中“灯心草之地”被直接言明在天空的范围之内。

“走吧，划船去灯心草之地，它在天空的岛屿之内。”②

除了“灯心草之地”，“祭品之地”也是《棺文》当中描述死者升天后所要到达的来世地点之一。有关“祭品之地”我们在前一章中曾加以介绍。古王国时期的《金字塔文》只说明了它的位置，中王国时期的《棺文》则有了对它的具体描述。

“我是一个被亥泰普③知晓的人；我在它的水域里划行，抵达了它的城镇，我比其他灵魂都更强壮、更敏锐，他们在力量上无法超越我。我获得了你所喜爱的园地，哦，亥泰普，风之女神；我在其中吃喝，在其中耕作，在其中收割，我在这里没有被毁坏，我在其中交媾，我的法力在其中生长，我的心在其中不会被破坏，在其中不会忧虑，我将快乐地在其中生活。”④

在《棺文》当中，“祭品之地”被古埃及人视为人死后所期盼的最终归宿。

---

① R. O. Faulkner, *The Ancient Egyptian Coffin Texts*, Vol. Ⅰ, Oxford: Aris & Phillips Ltd. , 1973, Spell 159, Spell 279.

② R. O. Faulkner, *The Ancient Egyptian Coffin Texts*, Vol. Ⅰ, Oxford: Aris & Phillips Ltd. , 1973, Spell 30.

③ 亥泰普（Hetep）古埃及的神灵之一，在《棺文》当中她在少数情况下被看作是“祭品之地之主”，因此祭品之地在棺文中有时也被称为“亥泰普之地”（the Field of Hetep）。参见莱斯科：《棺文中的亥泰普之地》（Leonard H. Lesko, *The Field of Hetep in Egyptian Coffin Texts*, Journal of the American Research Center in Egypt, Vol. 9, pp. 89 – 101）。

④ R. O. Faulkner, *The Ancient Egyptian Coffin Texts*, Vol. Ⅱ, Oxford: Aris & Phillips Ltd. , 1974, Spell 464.

"让我通过吧，因为我是一个有力量的人，一个力量之主，我是拉的贵族，是埃娇（古埃及的神灵之一——引者注）所创造的正直人之主，我的保护便是拉的保护。看吧，他去往了祭品之地，那是属于我的，因为我是拉，一个比你强大的神，他让九神团提供祭品。"①

物质丰盈、生活无忧的"灯心草之地"和"祭品之地"被中王国时期的埃及人视为是两处类似伊甸园和极乐世界的地方。它们反映了这一时期埃及人对于位于天国来世生活夸张式的幻想。相对于《金字塔文》中的"灯心草之地"和"祭品之地"而言，中王国时期这两处位于天国的乐土更增添了现实主义的内容，比如麦穗、耕作、收割都是日常生活的片段，这与从前那个被国王独享的全幻想式的天国生活有着很大的区别，从某种程度上说，这种变化应该是受到来世民主化的影响——新的来世生活应该适应不同人群的需要。

在前面一章中我们曾提到贵族死者对于永生的渴求表达得很隐晦，不过根据中王国时期的《棺文》内容来看，贵族们的这种隐晦显然消失了。正如《金字塔文》一样，为了表达死者的永恒，《棺文》里的丧葬咒语表明死者都可以升入北部的天空成为"不知毁灭之星"或者被"不知毁灭之星"所敬仰。

"我徜徉在北部的天空，赞美被赐予了我，通往天空的阶梯已经为我搭建起来；所有的神灵都成为我的随从……"②

"我的灵魂进入了黑暗之中，荷鲁斯之眼举到了我的面前，威普瓦卫轻抚着我，我已经将自己置于你们中间，六颗不知毁灭之星。所有事都是那样美好……"③

"哦，某某……不知毁灭之星向你鞠躬。"④

① R. O. Faulkner, *The Ancient Egyptian Coffin Texts*, Vol. Ⅲ, Oxford: Aris & Phillips Ltd., 1978, Spell 1034.

② R. O. Faulkner, *The Ancient Egyptian Coffin Texts*, Vol. Ⅱ, Oxford: Aris & Phillips Ltd., 1974, Spell 704.

③ R. O. Faulkner, *The Ancient Egyptian Coffin Texts*, Vol. Ⅱ, Oxford: Aris & Phillips Ltd., 1974, Spell 786.

④ R. O. Faulkner, *The Ancient Egyptian Coffin Texts*, Vol. Ⅰ, Oxford: Aris & Phillips Ltd., 1973, Spell 68.

除了把死者同北部天空和“不知毁灭之星”联系之外，《棺文》为了表达死者生命的不朽还常常显示出死者与居于天空的神灵为伴甚至可以等同于太阳神，这样逝去的人便可以在天国中实现永恒。

> “我与众神登上了位于他们船厂中的莲花舟，我在她的尾部用莲叶操纵这艘船，我将乘着她登上天空，我在这艘船中陪伴着拉航行，我在这艘船上作为领航者去往天之尽头，去往水星之舟的阶梯。”①
>
> “哦，某某！来吧，你将升上天空；通向拉之身侧的梯子已经为你搭建起来，你将位于众神之间，他们会将河流中的瘟疫驱除以便你能从他们那里喝到水。”②
>
> “我如同拉一样每日闪亮，我创造了真理，赶走了虚假，我推开了位于阿比斯（即原始瀛水努恩——引者注）之内的大门。”③
>
> “我是阿图姆，我拥有双狮的力量，最古老的神帮助我，我的脸由于最古老的神的帮助而明亮。”④

《棺文》咒语让已故死者与天上的神灵为伴或等同于太阳神，这说明凡是能得到《棺文》庇佑的死者都能进入天国，甚至加入到太阳周而复始的循环圈中。很明显，曾经被古王国时期的国王所独享的天国式的来世生活已经向更多人开放了。

由于在内容上受到《金字塔文》的影响，在《棺文》中位于天国的来世生活被保留了下来。但同时也值得我们注意的是，《棺文》里的奥西里斯和他统治的领地变得越来越突出。在《金字塔文》中，奥西里斯常常被“太阳神化”，不过在这一时期奥西里斯则逐渐脱离了太阳崇拜的影响，以冥世之神的常态出现。而奥西里斯所统治的冥府则是与天国同时并存的来世地点。

---

① R. O. Faulkner, *The Ancient Egyptian Coffin Texts*, Vol. Ⅲ, Oxford: Aris & Phillips Ltd., 1978, Spell 1030.

② R. O. Faulkner, *The Ancient Egyptian Coffin Texts*, Vol. Ⅰ, Oxford: Aris & Phillips Ltd., 1973, Spell 21.

③ R. O. Faulkner, *The Ancient Egyptian Coffin Texts*, Vol. Ⅰ, Oxford: Aris & Phillips Ltd., 1973, Spell 128.

④ R. O. Faulkner, *The Ancient Egyptian Coffin Texts*, Vol. Ⅱ, Oxford: Aris & Phillips Ltd., 1974, Spell 423.

在《棺文》当中除了“达特”“灯心草之地”和“祭品之地”，一个新的表示来世地点的名词即“罗塞塔乌”（r－staw）反复出现了。“罗塞塔乌”这个词最初“指墓地，特别指在孟菲斯的索卡神保护下的墓地”[1]。从目前丧葬资料的显示来看，大约就是在中王国时期“罗塞塔乌”成为来世的指示语。

根据《棺文》中的咒语显示，“罗塞塔乌”的某些部分位于天空的边界。

> “我通过了罗塞塔乌的道路，不论这些道路是在水上还是在陆地，这些道路是奥西里斯之路；它们位于天空的边界。”[2]

“罗塞塔乌”这种特殊的位置让我们不禁联想到前面所提到的“达特”。有一些《棺文》段落表明，“罗塞塔乌”与“达特”存在着关系，抑或我们可以将其视为是“达特”的一部分。

> “在罗塞塔乌中来来回回，清除那些位于达特中的人的幻觉。”
>
> “三桅船请为行动迟缓的人去往芳香之地开辟一条道路吧；愿你为我开辟一条路，因为我是奥西里斯；我去往罗塞塔乌为了知道那些达特的秘密，在那里阿努比斯加入了进来。”[3]

不过需要明确的是，“罗塞塔乌”尽管与“达特”存在着一定联系，但两者在《棺文》中所表达的宗教意义却不是完全相同的。在前面的内容中我们曾谈到，当与太阳神话相联系时“达特”被看作是太阳和死者等待重生的地点。然而《棺文》的个别内容表明“达特”并非只与太阳神话相联系，奥西里斯也被认为存在于“达特”之中。

> “哦，掌管银河的神灵，看守达特大门的神灵，为某某准备一条应当的路吧，以便某某进入达特，崇拜奥西里斯，他自己永远成

---

① A. Gardiner, *Egyptian Grammar*, Oxford: Oxford University Press, 1957, p. 577.

② R. O. Faulkner, *The Ancient Egyptian Coffin Texts*, Vol. Ⅲ, Oxford: Aris & Phillips Ltd., 1978, Spell 1035.

③ R. O. Faulkner, *The Ancient Egyptian Coffin Texts*, Vol. Ⅰ, Oxford: Aris & Phillips Ltd., 1973, Spell 60, Spell 241.

为神。”

“任何知道这条咒语的人，他都能像出现在东边的天空的拉一样，像达特中的奥西里斯一样……”[①]

从上面两段咒语来看，“达特”在《棺文》中也被视为是奥西里斯的领地，而且这时的奥西里斯与古王国时期不同，并未被“太阳神化”，而是作为真正的冥世之主出现的。因此从前面我们所介绍的内容看，《棺文》中的“达特”与太阳神和奥西里斯都有着密切的联系。

尽管“罗塞塔乌”是“达特”的一部分，但值得注意的是，与“达特”不同，当《棺文》提到“罗塞塔乌”时只是强调其与奥西里斯相联系，而不和太阳神相关联。关于这一点我们还无法给出一个确切的解释，或许“罗塞塔乌”最初的意义给了我们些许线索，它最早指“墓地”，而与墓地关系最为紧密的神灵是奥西里斯。

“罗塞塔乌”作为“达特”的一部分应该也属于是奥西里斯的领地，不过《棺文》进一步明确了“罗塞塔乌”的地位，它被认为是接纳奥西里斯尸体的地方，漆黑一片，被火所环绕。

“这是一个位于黑暗中的密闭之所在，火环绕着它，那里容纳着奥西里斯的流出物，它被置于罗塞塔乌之中。”

“向你欢呼，奥西里斯！站起来吧，拥有力量和威力，通过你的属于罗塞塔乌的魔杖拥有力量。”[②]

罗塞塔乌与“灯心草之地”和“祭品之地”比起来有点阴森，但是死者们仍愿意去往那里，因为“任何在罗塞塔乌看到奥西里斯的死者都不会死去。”[③] 为了得到奥西里斯的庇佑并像他那样死后复活，进入冥府的死者常常希望自已成为奥西里斯，在有些咒语段落里死者还被视为是奥西里斯的儿子或随从，他们保护着奥西里斯，并充当着为其服务的人，他

① R. O. Faulkner, *The Ancient Egyptian Coffin Texts*, Vol. III, Oxford: Aris & Phillips Ltd., 1978, Spell 789, Spell 1130.

② R. O. Faulkner, *The Ancient Egyptian Coffin Texts*, Vol. III, Oxford: Aris & Phillips Ltd., 1978, Spell 1080, Spell 1085.

③ R. O. Faulkner, *The Ancient Egyptian Coffin Texts*, Vol. III, Oxford: Aris & Phillips Ltd., 1978, Spell 1087.

们希望自己以这种方式实现永恒。

“奥西里斯的门卫，我来了，伟大，有力，强壮，强大，神圣。……我是如此的强壮像奥西里斯一样现身，我是在他很年轻的时候出生的。”①

“某某说：看，我来到我所打开的冥府之前，在那里我能看到我的父亲奥西里斯。我是一个为我父亲所喜爱的儿子，我来了从而能保护奥西里斯远离塞特。我打开了所有天空上的道路，我打开了所有陆地上的道路，我打开了所有冥府里的道路，我进入了地平线，因为我知道我的道路，我是一个装备着他的灵魂的人。”②

“我是一个纯洁的人，每天为奥西里斯烹饪。……我是奥西里斯的随从，在那些准备祭品的人中间。阿努比斯所悲痛的是那些祭品，但是任何祭品都不能从我这里拿走。”③

从以上这些内容可以看出，《棺文》所反映出来的古埃及人对于来世地点的认识，相对于古王国时期而言已有了部分的改变。尽管天国里的来世生活可以被所有得到《棺文》庇佑的死者所分享，但这并不是死者获得永恒的唯一选择，已故的人也可以到达奥西里斯所在的冥府，并像奥西里斯那样复活生命。

为了在来世中获得永恒而追随奥西里斯的内容，显然表明了奥西里斯崇拜在中王国时期的迅速发展，而其发展的原因主要还是与第一中间期至中王国时期以来王权和太阳神崇拜的变化有关。

第一中间期的地方割据争霸，深刻动摇了曾经稳固和至尊的王权，王权对于来世的荫蔽作用大大降低。“当第一中间期王权被彻底消灭时，不再有对或者今生或者来世的某个国王的依赖了。然而，奥西里斯古老的形象却未受国家骚乱的影响。他已永远定居在了来世，变成了死者的国王……这种变化了的景象使人们为获得超越终结的指南和支持，而从活着

① R. O. Faulkner, *The Ancient Egyptian Coffin Texts*, Vol. Ⅰ, Oxford: Aris & Phillips Ltd., 1973, Spell 228.

② R. O. Faulkner, *The Ancient Egyptian Coffin Texts*, Vol. Ⅲ, Oxford: Aris & Phillips Ltd., 1978, Spell 790.

③ R. O. Faulkner, *The Ancient Egyptian Coffin Texts*, Vol. Ⅲ, Oxford: Aris & Phillips Ltd., 1978, Spell 1048.

的君主那里返回到已逝君主的缩影——奥西里斯那里……”[①]

王权的衰弱直接导致了与王权有着极为密切联系的拉神崇拜地位的变化。“对太阳神崇拜的历史，是古埃及人王权观念在宗教领域的体现，因此也与王权共盛衰。它代表着官方宗教的发展方向，更多地反映王权对宗教的需要。”[②] 在政治风云变幻莫测的中王国时期，为了树立起醒目并代表自身地位的权力标志，第十一王朝和第十二王朝先后将两个地方神孟图和阿蒙推上国家神的宝座。尽管与此同时，孟图和阿蒙都与拉相结合，成为两个新神孟图·拉和阿蒙·拉，但这也不过是为了显示对传统尊重的权宜之计，实际上这两个王朝所要抬高的是孟图或阿蒙的地位，比如孟图地位的提高就是为了宣传第十一王朝在权力斗争中所获得的胜利。对孟图和阿蒙的推崇很自然会直接威胁到曾经与王权有着密切关系的太阳神拉的地位。在从前拉曾同神王一起荫蔽着古埃及死者的来世生活，当他的地位也同神王的权威一样受到冲击时，古埃及人不得不面对一个现实问题，即他们的来世生活将怎样得到保障。在这一情况下，作为墓葬保护神和具有复活能力的神灵奥西里斯契合了古埃及人亟须得到来世保障的要求。奥西里斯信仰以此为契机得以摆脱“太阳崇拜化”的阴影，于是我们在这一时期的《棺文》中看到越来越多奥西里斯的影响力。

不过，无论死者是升入天国还是到达冥府，他们都是以灵魂的形式在来世生活的。“卡”“巴”“阿赫”三个灵魂概念被呈现在《棺文》当中。

> “我为自己的身体掌握着我的卡，它能将我带到拉的祭品之地中的池塘。”
>
> “当你的肉体、你的尸身处于奥恩的时候，愿你在上部天空中认得你的巴。”
>
> “他将以尊贵的神一样阿赫的姿态进入到美丽的西方。”[③]

在之前的一章中我们曾提到，古王国时期贵族的墓铭只是经常性地提到死者的灵魂“卡”。但从《棺文》的内容看，显然中王国时期的灵魂观

---

① H. Frankfort, *Ancient Egyptian Religion: An Interpretation*, New York: Harper & Row Publishers, 1948, pp. 103 – 104.

② 颜海英:《守望和谐——古埃及文明探秘》，云南人民出版社 2004 年版，第 139 页。

③ R. O. Faulkner, *The Ancient Egyptian Coffin Texts*, Vol. I, Oxford: Aris & Phillips Ltd. , 1973, Spell 175, Spell 44, Spell 36.

念相对于古王国时期发生了某种程度的改变。《棺文》作为不限于王室，也可以被贵族所使用的丧葬文献，在其内容里贵族死者的“阿赫”和“巴”也同“卡”一样被反复强调。

正如古王国时期的《金字塔文》描写已故国王以“阿赫”的形式生活在来世一样，中王国时期的《棺文》也常常表明享受《棺文》保佑的死者是以“阿赫”的形式存在于来世的。

> “某某，以其神一样的阿赫的状态平和地去往美好的西方之路。”
>
> “众神，看吧，这位死者，奥西里斯让这个神一样的阿赫成为自己的儿子，伊西丝使其成为自己的孩子。”①

在这里必须明确一点，《棺文》中所提到的死者“像神一样的阿赫”对于已故国王和普通死者而言有着不同的意义。尽管中王国时期神王观念有所衰弱，但古埃及人并未彻底抛弃它，神王观念决定了国王始终具有神性身份。因此对于已故国王而言，他死后成为“阿赫”也并不干扰其神性身份的延续，也就是说已故国王的“阿赫”依旧具有神性。然而与已故国王不同，对于其他古埃及人来说，“通过成为阿赫，死者可获得一些如同神力的效力，尽管这并不能使其等同于神……这种力量却可以使死者拥有永恒的生命。”② 这也就是说，已故国王之外的死者虽然变为“阿赫”但他们并不是真的就成为神了。对于这部分人而言，《棺文》中的“阿赫”只是表明他们死后的存在状态中蕴藏着神所具有的生命可以延续下去的意义。

在《棺文》里，同“阿赫”一样，死者的灵魂“巴”比从前更受强调了。前面我们曾提到，灵魂“巴”的一个最重要的特性就是可以自由活动，既可上天，也能入地。这一特性恰与中王国时期来世地点的变化相契合，所以与《金字塔文》相比“巴”在《棺文》中被提到的次数明显增多。死者的“巴”有时是跟着神灵升入天空，有时则去往冥府追随奥西里斯。

> “我是掌管着两地的巴……带我走吧，那样我将与你（指神灵——引者注）一起穿越天空；我将吃到众神所吃到的东西，我喝到众神喝

---

① R. O. Faulkner, *The Ancient Egyptian Coffin Texts*, Vol. I, Oxford: Aris & Phillips Ltd., 1973, Spell 30, Spell 33 - 35.

② J. H. Taylor, *The Death and Afterlife in Ancient Egypt*, London: British Museum Press, 2001, p. 32.

到的东西……在祭品之地获得丰厚的物品……”

“西方的女神亲自见到了某某，并对他说：‘欢迎你，我的儿子，你的巴有着闪光的角；平和地来到我这里吧，我将拥抱你。这是奥西里斯所吩咐的。’”①

纵观以上的内容，与《金字塔文》和古王国时期私人墓铭所呈现出来的来世生活不同，《棺文》所描绘出来的来世图景更加具体。不过这并不是古王国和中王国时期埃及人在来世观念上的唯一区别，这两个时期人们对于来世认识的差异还表现在他们对于来世生活所抱的态度上。

2. 对来世的恐惧和怀疑

在对古王国时期来世观念的分析中，我们并未辟出专门章节探讨那时古埃及人对于来世生活的看法。因为根据各种丧葬文献内容的显示，古王国时期的埃及人对死亡和来世基本上都抱着一种平和与美好的愿望。无论是国王所独享的完全幻想化的神界生活，还是贵族所到达的作为对现实生活延续的西方，均是一番幸福惬意的图景。他们认为只要具备了一定的丧葬条件和道德条件，死者就能够顺利地进入来世，享受到永恒的幸福。那一时期的埃及人对于死亡的排斥只有在极少数情况下才会出现。

“死亡使我们悲伤，生命使我们拥有高的声望。”②

然而古王国时期这种对来世生活相对乐观的认识在中王国时期发生了变化。在中王国时期死者的来世生活里，尽管也有类似伊甸园的“灯心草之地”和“祭品之地”的存在，但更多的有关来世的危险与恐惧的认识出现在丧葬文献里，而且甚至在这一时期还有人对来世生活抱着怀疑和悲观的态度。

作为中王国时期最重要的丧葬文献，《棺文》主要的功用是为死者提供一个在来世继续生存的保证，而其中最重要的内容是保护死者免受饥渴和来世的各种危险。《棺文》的某些段落有着单独的标题，这是《棺文》在内容上的一个创新。这些标题的作用是指明某些咒语段落的功用，从这

---

① R. O. Faulkner, *The Ancient Egyptian Coffin Texts*, Vol. I, Oxford: Aris & Phillips Ltd., 1973, Spell 216, Spell 33 – 35.

② M. Lichtheim, *Ancient Egyptian Literature*, Vol. I, London: University of California Press, 1975, p. 58.

些咒语内容中我们发现在来世之旅中有相当多的苦难和危险存在。

> "避免颠倒行走的咒语：……我不会吃粪便，我不会喝尿液，我不会颠倒地行走，但是我定居于我所期望的地方，那就是杰都。"①
>
> "赶走偷走魔法的鳄鱼的咒语：走开，你这个依赖不知疲惫之星而活的西方的鳄鱼。走开，你这个依赖断肢而活的东方的鳄鱼。走开，你这个依赖臭粪便而活的南方的鳄鱼。走开，你这个依赖遥远的星上晦暗不明的光而活的北方鳄鱼。我的身体里有对你的憎恶，我从奥西里斯身上获得了力量。"②
>
> "为了在死者之地不吃粪便的咒语：嗬，某某！你在众神当中拥有力量，……根据图特在众神的书房中写下的为奥西里斯准备的食物，为你准备好了一份食物。"③

《棺文》里像这样表明来世中可能存在的危险的咒语还有很多，比如"为了在死者之地令人不难受的咒语""不要第二次死亡的咒语""从残杀中被拯救出来的咒语""不要让尸体腐朽的咒语"等。非常有趣的是，中王国时期的死者似乎非常害怕死后与亲人分离，因此《棺文》的一些咒语是专门用来保佑死者在来世与家人团聚的。

> "哦，拉！哦，阿图姆！哦，盖伯！哦，努特！看啊，某某在天空、在大地、在水域里寻找他的家人，寻找他的父亲母亲，寻找他的孩子和兄弟，寻找他的爱人和朋友，寻找他在尘世的伙伴和为他服务的仆人，寻找他所认识的情人，因为某某是大神所创造的。为某某召集他的孩子、心所惦念的情人以及仆人吧……"④

这些咒语除了表明中王国时期的埃及人对于所谓的来世生活更具想象

---

① R. O. Faulkner, *The Ancient Egyptian Coffin Texts*, Vol. Ⅰ, Oxford: Aris & Phillips Ltd., 1973, Spell 206.

② R. O. Faulkner, *The Ancient Egyptian Coffin Texts*, Vol. Ⅱ, Oxford: Aris & Phillips Ltd., 1974, Spell 424.

③ R. O. Faulkner, *The Ancient Egyptian Coffin Texts*, Vol. Ⅲ, Oxford: Aris & Phillips Ltd., 1978, Spell 894.

④ R. O. Faulkner, *The Ancient Egyptian Coffin Texts*, Vol. Ⅰ, Oxford: Aris & Phillips Ltd., 1973, Spell 146.

力之外，也从一个侧面反映出了他们对于死亡怀揣着一种恐惧心理，而这种恐惧认识从某种角度来说也透射出人们对来世生活的隐忧和不确定。

如果说《棺文》中包含着危险内容的咒语只是从一个侧面反映出这一时期埃及人对于来世生活的疑虑，那么中王国时期的一些文学作品和与丧葬有关的文献则直截了当地表达了对死亡和来世生活的怀疑。成文于第十二王朝的《一个人与其灵魂（巴）的辩论》是中王国时期非常具有代表性的文学作品。辩论的主要内容是讲一个人因社会的动乱而悲观厌世，但是他的灵魂“巴”则表示不满并威胁要离开他。在文献中“巴”将死亡看作是不幸，劝告人们不要追求死亡。

> “如果你在考虑葬礼，那么它是令人极度悲痛的。它是通过折磨一个人而付出的眼泪的礼物。它将一个人从他的房子里带走，将他抛到高地上去。你再也不能站起来看到太阳。那些有花岗岩墓葬的人，那些在有着精美建筑构架的坟墓中建造大厅的人，当墓葬的建造者成为神灵的时候，他们的石供桌却荒废了，他们就像死在河边没有生还的人一样。洪水伤害他，烈日暴晒他。水边的鱼与他们说话。听我的话吧！听我的话对人们有好处。享受节日吧，忘记忧愁！”①

“巴”是死者获得永生重要的灵魂保证，但从上面这段文字看，“巴”通过否定墓葬的作用贬低了死亡与永生，显然这展现了一种对死后生活的悲观和怀疑。

在中王国时期，古埃及人的葬礼结束后常常要举行宴会，宴会上有竖琴手为众人歌唱，歌唱的内容除了表现死者生前的“功绩”外，最重要的就是描述来世的生活。这一风俗一直延续到后期埃及时期。在一首出自中王国时期的《竖琴手之歌》② 中，歌者这样表达了对于来世的看法。

> “我曾听过伊姆霍泰普和哈尔杰德夫的话，人们经常提到他们的言

① M. Lichtheim, *Ancient Egyptian Literature*, Vol. Ⅰ, London: University of California Press, 1975, p. 165.

② 这首《竖琴手之歌》保留在新王国时期的文献中，但歌词开头介绍了此歌本是出自一位名叫安太夫的国王的墓铭。古埃及的第十一王朝和第十七王朝都有若干国王名叫安太夫，但新王国时期的文献都是抄录的中王国时期的原文，因此，该《竖琴手之歌》的年代毫无疑问是中王国时期的。参见利希泰姆：《古代埃及文学》第一卷，第 194—195 页（M. Lichtheim, *Ancient Egyptian Literature*, Vol. Ⅰ, London: University of California Press, 1975, pp. 194 - 195）。

论。他们的遗迹现在何在？他们的墙壁破裂，房屋消失。就如他们从未存在过一般！从没有人自那边回转，来说明他们的情况，来解释他们的需要，来安慰我们的心，直到我们也朝着他们所去的地方而行！”①

中王国时期的古埃及人之所以会产生对于死亡恐惧和疑虑的认识，追根溯源与第一中间期以来社会的动荡和神与神王对来世保护作用的降低有着不可分割的联系。

第一中间期是古埃及历史上第一次的历史大动荡，从《对美利卡拉王的教谕》《聂非尔列胡预言》等文学作品中我们了解了古埃及人眼中的第一中间期的历史。那是个颠倒混乱、充满骚动的年代。长达百余年的社会大动荡不仅使神王的权威受到重创，同时也让笃信宗教的古埃及人认为神灵已将他们抛弃。

“我让你知道大地在混乱之中，不应当的事也发生了，人们将举着武器，大地在动乱中生存……拉将抛弃人类，它虽然仍然按时升起，人却不知中午何时到来。没有人能看见它的光影，没有人会因看它而目眩，没有人眼睛会充满泪水……我让你看见大地在翻腾之中，弱者变成强者，人向那从前向人敬礼的人致敬。我让你看那最底下的人成为最高贵的人，原来在上者成为在下者。”②

就像社会的动荡给中王国时期的政治生活烙下深刻的历史印记一样，第一中间期也在中王国时期的埃及人心理上留下了阴霾。从中王国时期著名的文学作品《卡凯培拉·塞奈布的苦诉》中我们可以窥得与《聂非尔列胡预言》极为类似的忧伤论调。

“变化正在发生，不像去年那样，一年比一年更骚乱。大地崩裂遭到了破坏，变成了荒芜之地。秩序被抛弃，混乱充斥着法庭；神灵的法则被触犯，神灵的祭品被人所忽视。整个大地处于动荡之中，遍地是悲伤，所有人都像背负着罪恶。”③

---

① M. Lichtheim, *Ancient Egyptian Literature*, Vol. I, London: University of California Press, 1975, p. 196.

② 蒲慕州编译：《尼罗河畔的文采——古埃及作品选》，远流出版事业股份有限公司1993年版，第166—168页。

③ M. Lichtheim, *Ancient Egyptian Literature*, Vol. I, London: University of California Press, 1975, p. 147.

在这篇成于第十二王朝的文献中，主人公为阶级的颠覆和国家的骚乱而苦恼不已，但实际上他所苦恼的事情并未发生。由此可见，尽管中王国时期的社会生活已日益安定，但古埃及人对于生活的悲观、焦虑、恐惧和隐忧仍萦绕在心头。来世作为现实生活的一种幻象，它不可避免地反映出人们对现实生活的种种认识和态度，在这种背景之下我们就很容易理解为什么中王国时期的丧葬文献中会显示出灰暗、危险的基调，为什么在这一时期的文献里会出现人们对于来世的怀疑认识。

当然第一中间期对古埃及人心理上的影响只是一方面原因，中王国时期神王观念的相对虚弱和宗教信仰所发生的变化也都是造成恐惧和怀疑认识的重要因素。在古王国时期神与神王曾是来世生活的重要保护者，但是在中王国时期神与神王的保障都发生了变化。首先，正如我们在前文中所分析的那样，尽管中王国时期神王观念没有被抛弃，但是它对来世的荫蔽作用已大大减低。其次，虽然对于神灵的信仰并未废弛，但中王国时期的宗教信仰正处于一个调整变动的时期。拉神崇拜所受到的冲击是显而易见的，而奥西里斯信仰这时也刚刚从太阳崇拜的阴影里摆脱出来。从这一时期整个宗教环境看，与古埃及人来世观念联系最为紧密的两个神灵信仰还处于恢复或发展的阶段。因此较之古王国和即将到来的新王国时期而言，无论是神还是神王在来世中所发挥的作用还是比较有限的。这也是古埃及死者对于来世产生怀疑的部分原因。

然而有一点必须明确的，“对一个原本成功、乐观的世界的突然衰落，人们最初的两个反映就是悲观绝望和愤世嫉俗。但这并不是仅有的反应。……人们逐渐明白了这样一个事实：能看见的物质实体都是短暂的，而抽象的、存在于意识之中的事物才会永恒。毫无疑问，追求永生的来世依然是埃及人的最高理想。”① 这一时期古埃及人对于来世生活的恐惧和怀疑的认识是确定无疑存在着的，但它并不构成社会的主流。《棺文》以及各种古埃及人为了进入来世所做的准备都是他们为了克服恐惧、争取实现来世永生的证据。

① ［美］H. 法兰克弗特、H. A. 法兰克弗特、约翰·A. 威尔森、陶克尔德·雅克布森：《人类思想发展史——关于古代近东思辨思想的讨论》，郭丹彤译，黑龙江人民出版社 2005 年版，第 111 页。

三　进入来世条件的演变

中王国时期古埃及人所认为的进入来世的条件与古王国时期基本相同，只不过伴随着时代的变迁、来世去向的改变，这些条件发生了更加细致的变化，比如木乃伊面具与人形棺的使用以及对良好道德的愈发强调等。

1. 木乃伊的制作及木乃伊面具的使用

中王国时期木乃伊的制作技术基本上还沿袭了古王国时期的规范——摘除内脏、干燥尸体、涂以香料防腐、用亚麻布包裹。目前完好保存下来的中王国时期的木乃伊并不多，其中一些例子显示它们只是采用了比较简单和经济的脱水方法，比如阿蒙霍特普二世时期战死的士兵的木乃伊。但此时期某些贵族木乃伊的制作还是非常精细的，一些柔软的组织和内脏被很好地保存了下来。[①] 伴随着木乃伊的发展，与木乃伊有着密切关系的丧葬用具有了新的发展，这其中最重要的变化就是木乃伊面具的经常性使用。

木乃伊面具是指古埃及人按照死者的形象塑造或描绘的面具，通常覆盖或套在死者木乃伊的面部或头部，有时也包括胸前的一部分。实际上，古埃及人使用木乃伊面具最早可追溯到公元前3500年，考古学者在那一时期的贵族墓中出乎意料地发现了形式原始、富有表情的粗糙陶土面具。不过严格来说，只有从第一中间期的第九、第十王朝，特别是中王国以来，古埃及人才像制作一件独立的雕刻作品那样，实验制作了最早标准的面具。[②] 这一时期的木乃伊面具，一般用木材与钉子结合在一起制成，或者用亚麻布或纸莎草包裹，涂以泥灰或石膏，然后在木质模型上加以塑造。由于制作材料的脆弱性，中王国时期的木乃伊面具仅有少数被保存下来。

木乃伊面具的使用与古埃及人的灵魂观念“巴”有着紧密的联系。在古埃及人三个灵魂概念里，“巴”是唯一一个具有自由活动能力的，同时它又与死者的尸体保持着极为密切的联系。古埃及人认为，死者以

---

① 刘文鹏：《埃及考古学》，生活·读书·新知三联书店2008年版，第203页。

② 刘文鹏：《埃及考古学》，生活·读书·新知三联书店2008年版，第204页。

“巴”的形式，白天离开墓穴翱翔于天际，夜晚再返回墓穴与死者的木乃伊待在一起。因此我们从古埃及人的许多墓葬浮雕中看到“巴”沿墓道回到位于埋葬间的死者身边。尽管木乃伊的制作会尽可能保证死者生前的容貌，但经过脱水和长期掩埋后，样貌的改变在所难免。而木乃伊面具的主要功用就是为了保证“巴”在返回时能准确地识别死者的尸体并与其结合。

木乃伊面具之所以会在中王国时期开始较经常性地使用，主要还是与“巴”这一灵魂观念的发展有关。莫伦兹和泰勒都认为“巴”这个概念在古王国时期是专属于国王的。[①] 中王国时期在来世民主化的大背景下，“埃及人获得了抵达从前曾专属于国王的位于天国的死者之地的机会，而对于普通人而言鸟一样的灵魂（巴）才与天空相联系。”[②] 因此从中王国时期开始，在丧葬文献中“巴”与普通人的死亡相联系的观念得到了很大的发展。这也就促成了木乃伊面具的经常性使用。

2. 中王国时期的墓葬、棺及丧葬习俗

中王国时期无论是王陵和私人墓葬的建造，还是棺的发展和新的丧葬习俗的出现，都体现出了对发生变化的来世观念的适应。

在古王国崩溃后停止修建的金字塔王陵在中王国时期又恢复重建。中王国时期的金字塔其高度已不比古王国时期的金字塔，其使用的建筑材料也不是完全的石材，经常是用泥砖、沙、瓦砾填塞中心部分，外覆优质的石灰石。这样建造起来的金字塔经过长期的风化，其保存状况都比较差。中王国时期的金字塔也有附属性建筑群，但其规模已不及古王国时期，比如第十二王朝国王的葬祭庙，其结构只包括一个前院和一个摆放供品的屋子。尽管与古王国时期相比，中王国时期的金字塔在高度、建筑材料和附属建筑的规模等方面都不及从前，但作为神王与普通人身份区别的重要标识，在中王国时期金字塔仍旧只适用于王室。从这一点上看，对于王室尤

① 莫伦兹认为“巴”最初的含义不是“灵魂”而是“神圣的存在”，泰勒的观点与其相近，认为古王国时期的文献中神或者国王的“巴”都是一种包含着力量的存在状态。具体参见莫伦兹：《埃及宗教》第 206 页（Siegfried Morenz, *Egyptian Religion*, trans. Ann E. Keep, Ithaca and London: Cornell University Press, 1973, pp. 157－158）和泰勒：《古代埃及的死亡与死后生活》第 20 页（J. H. Taylor, *The Death and Afterlife in Ancient Egypt*, London: British Museum Press, 2001, p. 20）。

② Siegfried Morenz, *Egyptian Religion*, trans. Ann E. Keep, Ithaca and London: Cornell University Press, 1973, p. 206.

其是国王来说，死后升入天国仍是他们非常期望的。

不过伴随着奥西里斯信仰在中王国时期来世信仰中的地位日益重要，王陵建筑也越来越体现出奥西里斯的影响力。比如孟图霍特普二世和塞索斯特里斯一世金字塔王陵里都包含有多座国王的奥西里斯雕像。① 除了陵墓中增加了奥西里斯式的雕像，中王国时期王陵在结构设计上也受到奥西里斯信仰的影响。从前金字塔的入口通常都在陵墓的北面，象征着国王由此升入北部天空加入到“不知毁灭之星”的行列从而变为不朽。但是在中王国时期随着奥西里斯信仰的流行，一些模仿奥西里斯墓的设计出现。比如塞索斯特里斯二世的金字塔王陵入口不在北面而在南面。② 在古埃及宗教中，奥西里斯不仅是冥世之神同时也与尼罗河和植物的繁衍有着紧密的联系，而南方是尼罗河水的源头和每年泛滥开始的地方，将王陵入口设在南方很明显象征着希望像奥西里斯一年一度周期性复活那样征服死亡。

由于王权的相对衰弱，中王国时期围绕在金字塔王陵周围埋葬的贵族马斯塔巴数量已锐减，这一时期最为流行的私人墓葬是一种新型的建造在尼罗河沿岸悬崖边上的石窟墓。其中建造最为集中和结构最为典型的石窟墓主要位于上埃及的贝尼哈珊地区。从目前发掘报告来看，贝尼哈珊地区保留下来的中王国时期的石窟墓最主要有 39 座。这 39 座石窟墓大致的朝向都为东西向，这让我们很容易联想到东升西落的太阳。从墓室内部的设计看，这种东西走向是特意的安排。以比较典型的石窟墓结构为例，通常最西面是一个开凿在小岩石上的庭院，之后是有拱顶的长方形柱廊，接着是双排（每排两根柱子）柱子支撑的正方形主室，在主室的东墙上有一个门洞，通往假门，假门内放置死者“卡”的雕像。③ 很明显，石窟墓的设计体现出了贵族死者们也能跟随着太阳神的东升西落而获得永生的想法。这与古王国时期为了表现来世是现实的延续的马斯塔巴存在着很大的差别。

在墓葬建筑演变的同时，几乎与墓葬本身有着同等意义的丧葬装备——棺也有了非常重大的发展。中王国时期除了石棺和木棺，一种新型棺出现了，那就是人形棺。人形棺通常是用木制成，包括一个盖和一个几

① ［埃］穆斯塔法·埃尔－埃米尔：《埃及考古学》，科学出版社 1959 年版，第 18、20 页。
② 刘文鹏：《埃及考古学》，生活·读书·新知三联书店 2008 年版，第 174 页。
③ ［埃］穆斯塔法·埃尔－埃米尔：《埃及考古学》，科学出版社 1959 年版，第 25 页。

乎同等深度的箱子，总是放在木棺的内部。从第十二王朝起，人形棺成为非王室贵族非常流行的丧葬设备。[①] 早期的人形棺总是努力再现死者身体的永恒、理想化的肖像，其目的显然是想把人形棺作为死者的替身，并且表现死者所渴求的理想化身份。因此我们认为人形棺同木乃伊面罩一样，是为了便于返回墓地的“巴”对死者的寻找。因为只有“巴”同死者尸体结合才能保证死者的身份。到了中王国晚期，人形棺上还出现了一条中心铭文栏，通常由献祭公式组成。

除了出现了新的棺型外，中王国时期棺的演变最引人注目之处就是棺的装饰。棺的装饰最早零星出现于古王国时期的王家石棺上，多为假门样式的雕刻。中王国时期棺的装饰则比古王国时期明显增多，尤其是木棺内外的装饰都相当的精美细致。中王国时期木棺的装饰分为外部装饰和内部装饰，其部分装饰内容显示了该时期死者的来世去向。比如木棺的棺盖外部通常覆盖着天空女神努特的巨幅图像。[②] 很显然，这象征着死者进入努特的怀抱，并在努特的保护下享受在天空中的来世生活。与外部装饰一样，棺的内部装饰也反映出了死者可以升入天空。中王国时期棺盖内部常绘有太阳神乘船上天的图景，一些从阿西尤特出土的木棺棺盖上甚至还绘有天文学图像，描绘了古埃及人的“德坎”[③] 和位于北部天空的星辰。[④] 这与《棺文》里表明死者要升入天空化身“不知毁灭之星”相印证。除了向太阳神那样升入天空化为不朽，棺的另一些装饰也表明了死者能像奥西里斯那样实现永恒。中王国时期棺身内部四个侧面周围都装饰着“物品横饰带”，狭长的带状物上描绘了各种帮助死者通向来世所需的物品，其中所描绘的护身符和王家徽章能使死者复活为冥府的奥西里斯神。[⑤] 一般棺内底部都是去往来世的地图。《棺文》与《金字塔文》相比有一个创新就是增加了为死者引路的内容，《棺文》当中最为著名的“两条道路书”便是这样的咒语片段。中王国时期古埃及人认为进入来世的路径

---

① J. H. Taylor, *The Death and Afterlife in Ancient Egypt*, London: British Museum Press, 2001, p. 223.

② 颜海英：《守望和谐——古埃及文明探秘》，云南人民出版社2004年版，第171页。

③ “德坎”即星宿，古埃及人习惯以十天为一单位，用一组出现在赤道附近的星群来标记，赤道附近的星被古埃及人共分为36组，每组即被称为“德坎”。参见哈里斯：《埃及的遗产》（J. R. Harris, *The Legacy of Egypt*, Oxford: Oxford University Press, 1971, pp. 46–47）。

④ Erik Hornung, *The Ancient Egyptian Books of the Afterlife*, trans. David Lorton, Ithaca and London: Cornell University Press, 1999, p. 12.

⑤ J. H. Taylor, *The Death and Afterlife in Ancient Egypt*, London: British Museum Press, 2001, p. 221.

有两个，一个是水路，一个是陆路，人们在这一时期棺内底部发现的绘有去往来世的地图便是为“两条道路书”配备的。“（‘两条道路书’）希望让死者知道一些必要的知识，这些知识能让他们在去往来世的道路中不会迷路。咒语的内容总是直接向死者表达警告或明确的指引，咒语所配备的地图使死者容易确定他们的方向……”① 从整个木棺的内外装饰看，它结合了献祭与祈祷，通过带有巫术性质的咒语和装饰保证着死者的来世生活，同时它也体现出了太阳崇拜与奥西里斯崇拜在中王国时期来世观念里并存的情况。与木棺相比，受到材质的限制，石棺的装饰相对要简单许多，其装饰内容大多是“荷鲁斯之眼”“王宫门面”和一些献祭铭文等。

中王国时期除了墓葬和棺的演变集中反映了死者去向的转变外，埋葬习俗的变化也比较显著地体现出了位于冥府的奥西里斯在来世生活中的日益突出的地位。由于各种原因，中王国时期奥西里斯信仰得到了较快发展。根据传说，奥西里斯的尸体葬于阿卑多斯，因此在中王国时期阿卑多斯地区的奥西里斯崇拜与信仰在古埃及人的宗教生活中拥有极其重要的地位。每年阿卑多斯都要举行所谓的奥西里斯节庆，节庆的重点内容就是上演有关奥西里斯神话的戏剧。戏剧通常在游行当中进行，主要由祭司在大众面前表演，其中有戏剧化的战斗情节，象征着奥西里斯被害、死亡及复活等各阶段的故事。② 某些受国王器重的官员也会获得机会参加这样的表演。在第十二王朝一个名叫伊赫诺弗尔特的官员的墓铭中就提到了他在奥西里斯戏剧中曾扮演奥西里斯的儿子荷鲁斯：“我充任西方人之首奥西里斯的‘他的爱子’。”③“我击倒了奥西里斯的敌人。”④ 奥西里斯节庆以及节庆上的戏剧表演扩大了奥西里斯的声望，广大民众在开放式的接触中增强了对奥西里斯的信仰与依赖。奥西里斯战胜死亡、复活生命的神性强烈地吸引着古埃及人。他们迫切地想得到这位伟大神灵的庇佑，以求自己在

---

① Erik Hornung, *The Ancient Egyptian Books of the Afterlife*, trans. David Lorton, Ithaca and London: Cornell University Press, 1999, p. 11.

② J. H. Breasted, *A History of the Ancient Egyptians*, New York: Charles Scribner's Sons, 1905, p. 148.

③ J. H. Breasted, *Ancient Records of Egypt*, Vol. I, London: Histories & Mysteries of Man Ltd., 1988, § 667.

④ J. H. Breasted, *Ancient Records of Egypt*, Vol. I, London: Histories & Mysteries of Man Ltd., 1988, § 669

死后可以获得永恒的生命。于是“追随伟大的神阿卑多斯之主”、葬于阿卑多斯成为中王国时期每个埃及人的愿望。然而实际上只有极少数人才有可能葬于传说中的奥西里斯墓地之侧，因为即便是一座衣冠冢也要花费相当多的费用。因此我们在阿卑多斯看到一个特殊的丧葬现象，即许多人在离传说中的奥西里斯墓尽可能近的地方立上一块石碑，刻上自己的名字和称号，以及一段祈祷的祝词，以示自己与这位不朽的神灵有着密切的联系。

从中王国时期丧葬装备和丧葬习俗的演变来看，太阳神所在的天国与奥西里斯统治的冥府同时出现在古埃及人的来世观念中。而特别值得注意的是，奥西里斯所占的地位已日益重要，追随奥西里斯获得永生已通过丧葬习俗的演变淋漓尽致地表现出来。

3. 对良好的道德愈发强调

随着奥西里斯信仰在中王国时期的发展，人死后要受到奥西里斯审判的观念被逐渐确立起来，同时死者进入来世的条件也愈发地强调道德行为的高尚性。

《棺文》同《金字塔文》一样，在某些段落里包含着若干显示死者道德品行高尚的内容。

> “我与真理女神一同站于天空，我找到了拉－阿图姆的众神，于是他们说，欢迎！你所说的都是真实的，你所见的都是好的……”①
>
> “我摆脱了不道德的行为，我赶走了邪恶，我去除了我身上的错误……我走在通往正义之岛（指阿卑多斯——引者注）的路上。”②

在《金字塔文》中拉神在死者道德的评判中发挥着主要作用，到了中王国时期拉神对于死者的评判作用依然被保留下来。

> “于是某某说：我是一只珠鸡（以珠鸡形式出现的灵魂‘巴’——引者注），我是拉，以凯普利的名字从阿比斯中出现，我的灵魂是一位神。我是创造权威的人，不道德的事是我憎恶的，我不

① R. O. Faulkner, *The Ancient Egyptian Coffin Texts*, Vol. II, Oxford: Aris & Phillips Ltd., 1974, Spell 416.

② R. O. Faulkner, *The Ancient Egyptian Coffin Texts*, Vol. I, Oxford: Aris & Phillips Ltd., 1973, Spell 335a.

会看见它，因为我是一个做事正确的人，我每天依靠着真理而活。”①

尽管拉神对于死者道德评判的作用被保留下来，但中王国时期拉神所发挥的道德影响力已经下降了，因为奥西里斯明显超越了拉神成为中王国时期评判死者道德的主要神灵。为后世人们所熟知的奥西里斯审判在这一时期发展起来。

大约在第十一王朝孟图霍特普二世统治时期，我们就第一次发现了一个与奥西里斯信仰有关的头衔——“公正者”（根据古埃及语的字面意思是“真实的声音”）。这一头衔被加于死去的埃及人的名字后面，用以表明此人通过了奥西里斯的确认，道德良好，有权被祝福获得永生。② 第十二王朝时期贵族亨泰姆塞迈提立于阿卑多斯的石碑上，提到了奥西里斯的审判。

> “因为我没有做□□（□□里的词语义仍未被学者们确认，因此省略——引者注），所以当我死去时，审判中我得到了奥西里斯的赞誉。”③

从这些情况可以看出，原来古王国时期“大神的审判”在这一时期已被确认为是奥西里斯的审判。对死者审判内容的加入，使中王国时期的奥西里斯信仰有了更深一层的伦理道德含义。布利斯特德认为这是人类历史上第一次形成将伦理同死后生活相联系的完整理论，在某种程度上反映出了古埃及人自我意识的萌发。“不朽开始向个人的灵魂发出诉求。这是一种由强调客观条件到强调主观品质的转变”。④

除了奥西里斯在死后审判中地位得到确立，这一时期与来世有关的道德条件日益受到人们的重视和强调。尽管对于古埃及人而言，良好的道德认识依旧是与人为善、多做好事，但善行的内容在这一时期显然增多了。

---

① R. O. Faulkner, *The Ancient Egyptian Coffin Texts*, Vol. Ⅰ, Oxford: Aris & Phillips Ltd., 1973, Spell 307.

② I. E. Edwards and others, eds., *The Cambridge Ancient History* (*third edition*), Vol. Ⅰ, part 2, Cambridge: Cambridge University Press, 1971, pp. 521－522.

③ J. H. Breasted, *Ancient Records of Egypt*, Vol. Ⅰ, London: Histories & Mysteries of Man Ltd., 1988, §613.

④ J. H. Breasted, *Development of Religion and Thought in Ancient Egypt*, Philadelphia: University of Pennsylvania Press, 1972, p. 179.

“我没有虐待任何一个市民的女儿，我没有压迫任何一个寡妇，我没有拒绝任何一个农民，我没有排斥任何一个牧羊人，没有任何一个奴隶的监工我没有付给他钱，在我的辖地里没有一个可怜人，在我统治的年代里没有人挨饿。”①

四　小结

由于特殊的建立背景，中王国建立后其社会生活深受动荡的第一中间期的影响。曾经在第一中间期脱离王权的贵族集团，在中王国时期埃及国家实现统一后仍旧保留有比较大的权势。在中王国时期大部分时间里，中央政权与地方势力都处于权力的较量中，直到中王国后期，确切一点地说是到了塞索斯特里斯三世之后，中央政权的权威才真正获得确立。因此相对于古王国时期神王至上的年代，中王国时期的王权有着某种程度的衰弱。

作为处于生者与死者、自然与社会、人与神中间位置上的古埃及国王，其权力的衰弱直接导致了古埃及人来世观念上的多重变化。首先，曾经被国王所独享的一些来世权利现在被更多人的所享有，其中一个重要的表现就是在死后去向上神王与贵族之间的差别消失了。其次，与王权曾有着密切联系的拉神信仰的地位受到一定冲击，这使奥西里斯崇拜得以在古埃及人的来世生活里占有更加重要的地位。最后，王权和宗教信仰的变化加之第一中间期动荡对中王国时期古埃及人心理上的影响，使古埃及人对来世生活的态度发生了微妙的变化，很多恐惧、危险的认识体现在丧葬文献中，甚至也有人直截了当地怀疑来世的存在。

从中王国时期来世观念发展的情况，我们可以大致总结出古埃及人来世观念发展的几点趋势：第一，国王在来世生活中的特权地位在下降。尽管神王观念并未在中王国时期的来世观念里彻底坍塌，但神王在来世中的特权地位被僭越却是不争的事实。贵族死者不仅可以同神王一样升入天国，而且也可以以神的姿态出现在来世生活里，“我是某某神”这样的咒语在《棺文》中比比皆是。第二，对于死亡这一事实日渐承认。中王国

① J. H. Breasted, *Ancient Records of Egypt*, Vol. Ⅰ, London: Histories & Mysteries of Man Ltd., 1988, §523.

时期奥西里斯信仰日益在古埃及人的来世观念中占有重要地位。正如在第一章中我们对奥西里斯神话所介绍的那样，它强调的是死而复生的主题，死是确实存在的事实。所以这一时期奥西里斯崇拜在来世观念中的发展暗示了埃及人越来越意识到死亡的真实存在。因此《棺文》会常常出现“不要第二次死亡”的咒语。第三，对巫术依赖的增强。贵族们也可以升入天国是依靠《棺文》中具有巫术性质的咒语的帮助。尽管《棺文》是继承《金字塔文》而来，但是就像利希泰姆所说，《棺文》就像是一口“魔法师的大锅”，充满了克服死亡、获得永生的期望。原来曾经刻写在墓壁之上的咒语，现在以最接近的方式贴近死者，体现出古埃及人对于咒语魔力的强烈依赖。

综合以上的情况，我们可以看出中王国时期古埃及人的来世观念最大限度地体现出了社会变迁所带来的深刻影响，人们对于来世的期望、认识以及态度的变化或是直接或是间接与中王国时期王权的演变有着极为密切的关系。

第四章　新王国——依赖神的来世生活

公元前18世纪早期，中王国时期由于继承权等问题逐渐进入衰落期。到第十二王朝结束，古埃及统一王国的中央政权再次瓦解，古埃及国家又一次陷入了四分五裂的状态，历史学家称这段动荡的年代为“第二中间期”（包括第十三至十七王朝，约公元前1786—公元前1567年）。与第一中间期不同，第二中间期的各王朝之间并不是前后相继的，实际上它们几乎是同时形成的、并存的、割据一方的地方王朝。其中第十五、第十六王朝并非是古埃及人本民族建立的，而是由第二中间期时入侵古埃及的外族喜克索斯人建立。为了驱除外族结束国家的分裂，第十七王朝的底比斯统治者肩负起统一国家的重任，经过多年战争，外族终于被驱逐，古埃及重新恢复统一。与此同时，底比斯统治者建立起第十八王朝，古埃及进入了新王国时期（包括第十八至二十王朝，约公元前1567—公元前1085年）。

新王国时期是古埃及历史上的全盛时代，它在政治、经济、文化等方面的发展都到达了顶峰。王权的权威被很好地树立起来，但神王却表现出更多的人性身份。与此同时新王国时期个人与神灵的关系更加紧密，因此这一时期古埃及人的来世生活更加青睐于神灵的保证和帮助。而由于共存于古埃及人来世观念中的不同神灵崇拜的共同作用，这一时期古埃及人的来世变成了一个不同地点相融的过程。

一　至高无上的神与永生

新王国时期神王观念发展的一个最突出的特征是神王的人性身份被日益强调，国王们经常被看作是混合着神的因素的人，这与混合着人的因素的神是有着差别的。神王观念的这种变化使得新王国时期的国王在宗教上的神圣地位逐渐屈居于神之下。在这种背景之下新王国时期古埃及人在来世信仰上越来越依赖神灵的帮助。

1. 神王与神

与中王国不同，尽管经历了社会的动荡，但新王国时期国王的世俗权力通过军事战争和扩张得到了有力的恢复。这一时期地方各州完全失去了独立性，整个专制主义政府均在国王的操控之下。从第十八王朝起，国王被正式尊称为“法老”①，以表示其地位的尊贵。在宗教上，神王观念根据传统被恢复起来，以确立王权的权威。不过从新王国时期的一些情况看，法老的神性身份似乎有所下降，神王作为人的一面被更多地展现出来。

首先，这种变化表现在法老的称谓上。新王国时期除了传统的头衔和称谓，法老还常常被称为“与神同等”“神的具体化”“神的显灵”等。神王作为“神的化身”很明显表现出了他人性的一面并混合着神的因素。② 其次，新王国法老所宣扬的“神圣出生”里包含着人性因素。前文所提到的古埃及故事《国王的魔法师》就涉及“神圣出生”这个古老主题——拉同一位祭司妻子结合生下来三胞胎，这三个兄弟被认为是第五王朝的前三位统治者。这个古老的主题在第十八王朝哈特舍普苏特女王的葬祭庙中被再次呈现，但不同的是尽管太阳神阿蒙仍被视为是女王的父亲，但他是以女王的生父图特摩斯一世的样子为掩护与女王的母亲婚媾结合的。很明显，“神圣出生”的内容掺杂进了更多的“人”的因素。第三，在新王国之前，古埃及涉及神王的艺术作品都是把其描绘成神的化身，凸显他作为神界一员的崇高身份。但是从新王国开始法老们第一次以英雄的形象出现在各种纪念物中，他们经常扮演着军队统帅者的角色，深入战场在残酷厮杀中展现王者的力量。而埃赫那吞宗教改革时期，阿玛尔纳艺术所刻画的埃赫那吞与家人其乐融融的生活场景和以常人姿态出现的法老形象都使神王人性的一面展露无遗。

里德福德认为新王国时期神王的人性身份之所以会被更多地强调，与第二中间期王权所受到的影响有着极为密切的关系。在第二中间期国家四

---

① “法老”一词在古王国时期有“王宫”的意义，但并不专指国王。中王国时期始用于对国王的颂词中，新王国之后此词逐渐演变成对古埃及国王的尊称。参见伽德纳：《埃及语法》，第 75 页（A. Gardiner, *Egyptian Grammar*, Oxford: Oxford University Press, 1957, p. 75）。

② Erik Hornung, *Conceptions of God in Ancient Egypt: the One and the Many*, trans. John Baines, New York: Cornell University Press, 1971, p. 141.

分五裂的社会背景下，神王的观念有两个重要的变化：其一，国王作为太阳神话谱系中的首要人物，身份受到严重降低；其二，神王在神话中的神性“纯洁度”降低。神王观念中，表示法老合法与神圣起源的就是太阳神与其之间的“父子关系”。但在第二中间期众多不为人所知的、短命的和出身世俗的统治者使“儿子”这一词语丧失了严格表示血亲关系的含义，而只是简单地用来表明宗教上的地位比较高而已，其实王权是无力的，只为了获得神的赞誉而已。[①] 另外第二中间期里喜克索斯王朝的影响也是不可忽视的。“喜克索斯人是一支有组织的军事集团，在这样的集团中（和游牧部落类似），通常都有一个具有优越能力的领袖，在战争或其他重要的决策上能施展决定性的影响力。换言之，这样的部落所需要的是一个英雄式的领导者。”[②]喜克索斯人在第二中间期建立了第十五、第十六王朝，他们采用了古埃及传统的王家头衔。但喜克索斯王朝着重强调的是他们悠久而稳定的人类祖先，并虔诚于他们的英雄之神。[③] 新王国时期法老个人英雄形象的展现很可能是受到喜克索斯人这种突出英雄领导者文化的影响。

新王国时期神王人性身份的更多展现，直接影响到了法老在宗教生活中的地位，法老地位屈居神之下的情况日见端倪。比如新王国时期法老神之子的身份被格外强调。“拉之子”的王衔虽然在古王国时期便已确立，但在新王国时期之前更多情况下古埃及国王总是以伟大的神的姿态出现在各种场合。

> “他（指国王——引者注）是拉，借助他的光芒人们才能看见。他超越了太阳圆盘照耀着两地。他超越了高涨的尼罗河，是让大地变得更绿的人，因为他让两地充满了力量和生命。国王是一个卡，他的嘴就是生殖。他是创造者，他就是克努姆的肢体。他就是守护着两地的巴斯泰特（古埃及的欢乐和丰产女神——引者注）……”[④]

---

① David O' Connor and David Silverman, eds., *Ancient Egyptian Kingship*, Leiden · New York · Köln: E. J. Brill, 1995, pp. 157 – 158.

② 蒲慕州：《法老的国度——古埃及文化史》，广西师范大学出版社 2003 年版，第 162 页。

③ Donald B. Redford, *Pharaonic Kinglists, Annals and Day – books: A Contribution to the Study of the Egyptian Sense of History*, Ontariao: Benben Publications, 1986, p. 201.

④ J. B. Pritchard ed., *Ancient Near Eastern Texts*, Princeton: Princeton University Press, 1955, p. 431.

新王国时期之后，法老在被描绘成神的同时，也总是被强调是神的儿子。

> “两地宝座之主阿蒙－拉如是说，你欢愉地来到我的面前看到我的完美，我的儿子，我的支持者，蒙凯帕拉（即图特摩斯三世——引者注），永生！”①
>
> “第五年，夏季第三月，第九天，国王陛下纳姆西斯（即拉美西斯二世——引者注）万岁。陛下正领导他第二次在巴勒斯坦的胜利。早晨，在皇帐中平安地醒来，在卡德希南方山区中。上午，陛下如雷（即拉——引者注）一般升起，在他父亲蒙图的华盖之下，向北行进，到达夏卜土那的南方。”②

除了神之子的身份被强调之外，新王国时期法老的即位受到神权的干预也在一定程度上反映了神的地位高于法老。第十八王朝的哈特舍普苏特女王为了掌控政权杜撰了她的“神圣出生”，而其继任者图特摩斯三世也是通过阿蒙神谕的形式获得了即位的合法性。还有图特摩斯四世，据一块所谓的“记梦碑”记载，这位年轻的王子是在梦中得到荷鲁斯神的暗示才取得了合法的王位继承权。③ 这些都表明在神王谱系延续的过程中神权在一些情况下发挥着至关重要的作用。

除了以上这些表现，新王国时期的统治理论也体现出了神在宗教中的中心地位。比如第十八王朝的统治理论是崇高的神——太阳神在天上，其代表在地上，显然两者的地位是不平等的。于是，在文献中会出现这样的说法：“唯一的神在天上，他的支持者在地上”，“太阳神在天上照耀着大地，同时阿蒙霍特普三世在地上实践着你的王权。”④

与前代相比，新王国时期的古埃及人尽管没有背弃神王观念，但很显然法老人性身份的更多表达让他们在宗教地位上渐渐开始屈从于至高无上

---

① M. Lichtheim, *Ancient Egyptian Literature*, Vol. II, London: University of California Press, 1976, p. 35.

② 蒲慕州编译：《尼罗河畔的文采——古埃及作品选》，远流出版事业股份有限公司 1993 年版，第 27 页。

③ William C. Hayes and others eds., *The Cambridge Ancient History* (*third edition*), Vol. II, part 1, Cambridge: Cambridge University Press, 1973, p. 321.

④ David O' Connor and David Silverman eds., *Ancient Egyptian Kingship*, Leiden · New York · Köln: E. J. Brill, 1995, p. 164.

的神灵。法老神性光彩在某种程度上的暗淡，给古埃及人的宗教生活带来了新的变化。

2. 来世依靠至高无上的神

法老在宗教地位上的变化，使古埃及人将虔诚的目光更多地集中在至高无上的神灵身上，个人与神灵的关系愈加紧密，人们的来世生活也更加依赖至高无上的神。

布利斯特德归纳新王国时期宗教信仰的特征为“个人虔诚”：“反映在崇拜者与神灵之间的亲密与个人关系中的这些信仰，随着几个世纪的消逝，缓慢并逐渐广泛分布在民众之中。个人虔诚的时代以及对神灵的内在渴望现在在大众中悄然出现。”① 在新王国时期，法老以外的人，特别是古埃及的普通民众，虽然在某些宗教权利方面仍受到限制，但很明显从这一时期开始，他们有了更多的机会与神灵发生联系。

古埃及的神庙不仅是敬奉神灵的场所，同时也是对法老进行崇拜的地点。在一般的情况下，只有国王和祭司才被允许进入重要的神庙。新王国时期之前，普通的古埃及人通常是不能进入大型神庙的，只有在特殊的宗教节日里才被允许进入神庙的第一或第二层庭院。但到了新王国时期出现了一些新的情况，为平民与神的更近距离交流创造了条件。这一时期在大型神庙外墙上出现了一些耳朵的雕刻，这样的特定区域被称为“耳听礼拜堂”，它是为不能进入重要神庙的普通人专门设立的，据说祈祷者对着这些代表神灵耳朵的雕刻许下愿望就能传达到神庙内部的神灵那里。② 大型的神庙禁止普通人的进入，但是一些与日常生活密切相关的小神庙却是允许普通人进入的。而且从新王国时期开始，有确凿的证据显示普通的古埃及人可以向某些神灵敬献上代表自己心愿的祭品。比如早在第十八王朝主司生育的女神哈托尔的神庙内就出现了很多还愿供品，表明了个人对神灵单独献祭的存在。③ 除了以上这些内容，新王国时期大量出现的表现个人经历的、献给神灵的颂诗和祈祷词也表明了个人与神灵交流日益密切和频繁。

---

① J. H. Breasted, *Development of Religion and Thought in Ancient Egypt*, Philadelphia: University of Pennsylvania Press, 1972, p. 349.

② Douglas J. Brewer and Emily Teeter, *Egypt and the Egyptians*, Cambridge: Cambridge University Press, 1999, pp. 91 – 92.

③ Byron E. Shafer, *Religion in Ancient Egypt: Gods, Myths, and Personal Practice*, London: Routledge, 1991, p. 180.

“哦，阿蒙，请你倾听一个在法庭上孤立无援的人的话吧，他是穷人，他不富有。法庭为了那些坐在席子上的书吏欺骗他的金银，为了那些随从（指法警一类的人——引者注）欺骗他的衣物。愿阿蒙变为维西尔，以使穷人摆脱厄运。愿穷人得到辩护。愿穷人超过富人。”①

从以上这些情况看，新王国时期在古埃及人的社会生活里，人与神的关系愈加紧密了，人们对于神灵的依赖感更加强烈，这种虔诚的依赖感直接影响到了人与神在来世生活中的关系。在新王国时期之前，神王观念使国王具有了神性，他们与神一样对人们的来世生活有着荫蔽的作用。尽管有时这种作用的效力会减弱，但从新王国时期的情况看，显然神王在普通人来世生活中的荫蔽作用不及神灵了。

首先从墓铭的内容上看，新王国时期私人墓葬的墓铭通常还是会包括一些自传的内容、对于获得祭品的请求以及表达自身道德良好的语句。不过与早前的历史不同的是，自传的内容不再像古王国时期那样提到法老对于丧葬装备的赠予。而与此同时，在请求祭品时，墓主除了会寄希望于后人外，最多的还是期待神灵的保佑。

“一份国王赐予的祭品给阿蒙，两地宝座之主，永生之王，永恒之主，统治者，双羽冠之主，唯一的，最早的，年纪最长的，最原始的，没有能与之相比的神，人类和神灵的创造者，来自努恩的活跃的火焰，人类所获光明的制造者；（和）涅赫伯特，涅亨（即希拉康坡里斯——引者注）的白神，天空女神，两地的夫人；（和）奥西里斯亨悌曼提乌，提尼斯之主，阿卑多斯的伟大者；（和）哈托尔，沙漠女神，众神当中心灵最坚强者；（和）普塔－索卡，舍提特之主，阿努比斯，罗塞塔乌之主，（和）九神团，大大小小的神灵，愿他们赐予我一千块面包、一千坛啤酒、一千块牛肉和一千只禽类……”②

新王国时期的私人墓铭中除了出现了更多的乞求神灵保佑的内容外，还增加了很多献给神灵的颂诗。

---

① J. B. Pritchard ed., *Ancient Near Eastern Texts*, Princeton: Princeton University Press, 1955, p. 380.

② M. Lichtheim, *Ancient Egyptian Literature*, Vol. II, London: University of California Press, 1976, p. 16.

"向你欢呼，奥西里斯，永生之主，众神之王，很多姓名之主，神圣形式的主宰，神庙秘仪的主持！……"

"向你欢呼，拉，每一天都完美，你在黎明升起没有陨落，凯普利疲惫地行走！你的光辉显现在脸上，不被人所知晓，灿烂的金色没有能与你的光辉相比的……"①

另外我们从私人墓葬装饰的主题上看，神灵所占据的地位也明显高于法老了。埃赫那吞改革时期，私人墓葬中的浮雕和铭刻倾向于重申墓主与阿吞神和法老的关系。② 当然埃赫那吞时期所推行的政策是想将王权与神权等同，关于这一点我们必须注意。如果这只是特殊历史背景下所产生的"特殊"丧葬习俗，那么即使到了拉美西斯时期，墓葬中对于神灵的推崇也仍在继续。"拉美西斯时期的底比斯墓葬充满了死后生活的指南，用来指导在夜晚与拉神结伴的来世之旅。该时期贵族的墓葬大多忽略了曾在较早时期流行的自传与日常生活的描绘，而钟情于对神庙中崇拜活动、葬礼仪式和神灵的描绘。"③

最后，从新王国时期最重要的丧葬文献《死者书》中看，神灵在来世生活中起着极为关键的作用。所谓的《死者书》同《金字塔文》和《棺文》一样是丧葬咒语汇编，这些咒语通常被写于纸草纸之上，与死者木乃伊放在一起，因此而得名。《死者书》常常配有精美的插图，表现了死者向神灵祈祷的场景。另外《死者书》中最重要的章节就是对冥世之神奥西里斯审判死者的描写。新王国时期古埃及人认为只有死者经过了奥西里斯的审判，才能享受到来世的永生。由此可见神在新王国时期的来世观念中至关重要的地位。

从以上这些内容看，毋庸多言，新王国时期古埃及人对于永生和来世的渴求更加依赖神的帮助是很明显的。跟随着神的脚步，古埃及人对来世地点的认识又发生了新的变化。

---

① M. Lichtheim, *Ancient Egyptian Literature*, Vol. II, London: University of California Press, 1976, p. 81, p. 87.

② J. H. Breasted, *A History of the Ancient Egyptians*, New York: Charles Scribner's Sons, 1905, p. 272.

③ Byron E. Shafer, *Religion in Ancient Egypt: Gods, Myths, and Personal Practice*, London: Routledge, 1991, p. 109.

二　冥府与天国——融合了的来世生活

在古埃及众多的神灵里，奥西里斯和太阳神是古埃及人在来世信仰里最为依赖的对象。在新王国时期无论是太阳崇拜还是奥西里斯崇拜都得到了充分的发展，人们对于这两位神灵的信仰还逐渐在来世观念中融合，于是新王国时期死者们的去向不再是分离的，而是一个从冥府到天国动态的过程。不过由于人们对于神灵高度的依赖，来世生活似乎增加了更多的不确定性，于是新王国时期古埃及人对于来世产生了摇摆不定的态度。

1. 冥府与天国相融合的动态来世

与前文一样，我们对于新王国时期来世观念的研究依旧主要依赖该时期的丧葬文献。新王国时期最重要的丧葬文献为《死者书》。除了《死者书》，这一时期还有一些比较重要的丧葬咒文，如《阿姆达特书》《大门书》《大洞穴书》《天空书》等。在本章的研究中，我们将以《死者书》为研究的主要依据，并辅助以其他的葬礼仪文，通过对于它们内容的考察，揭示新王国时期古埃及人对于来世地点的认识。

《死者书》通常都是写于纸草纸之上。所谓的纸草是指盛产于尼罗河三角洲一带的形似芦苇的水生植物，其最主要的用途是造纸。古埃及人所造的纸草纸是主要的出口商品，在羊皮纸出现和中国的造纸术西传之前，纸草纸曾在地中海东部大量使用。在古埃及纸草纸也是最重要的书写材料。由于《死者书》为咒语汇编，所以书写咒语的纸草纸根据需要可长可短，格林费尔德纸草纸是最长的，达 41 米。[①] 从以上情况看，作为丧葬文献的重要载体，显然《死者书》的造价要比《棺文》的成本低得多得多，因此更多的古埃及人都能够买得起。此外在新王国时期，《死者书》的获取方式也比较简单，它通常是由祭司出售的，一般写于纸草上的《死者书》都会留有专门的空白，以备购买者填写死者的名字。所以无论从造价还是从获取方式上看，《死者书》都是一种普罗大众的丧葬文献，因此我们从它的内容中可以明确看到包括古埃及普通民众在内所有古埃及人的来世观念。

---

① 刘文鹏：《埃及考古学》，生活·读书·新知三联书店 2008 年版，第 384 页。

《死者书》的内容是继承《金字塔文》《棺文》而来，其包含的咒语主要是为死者提供在来世的魔法帮助。与同样为死者提供魔法帮助的《棺文》相比，《死者书》的内容条理更加清晰，其各条咒语的主要目的就是帮助死者躲避在来世生活中不期而至的困境和陷阱。由于《死者书》的咒语内容主要是承袭而来，因此曾经在《金字塔文》和《棺文》中出现的死者追随太阳神升入天空的来世生活依旧保留了下来。

> “哦，太阳圆盘，日光之主，你每天从地平线升起闪耀着光芒：愿你在某某的面前闪耀，因为他在清晨崇拜你，他在夜间劝慰你。愿某某的灵魂与你一起升入天空……”
>
> “哦，从水中升起的你，逃离了洪水，攀上了你的三桅船的船尾，愿你真的爬上了船尾，愿你比昨天更加健壮。你带上了某某，一个可敬可佩的灵魂，你将他置于你的水手中间；如果你是健壮的，那么他也将是健壮的。”
>
> “某某接管了这艘船尾开着莲花的三桅船；某某登上了天空，他驶向努特，他与拉一起驶向努特……愿你（指拉——引者注）让某某在天空中成为伟大和有力的人，就如同你是众神中的最伟大者；愿你将他从那些有可能伤害他的魔鬼手中解救出来。”①

为了表明飞升上天的死者生命的恒久性，《死者书》与《金字塔文》和《棺文》一样常常把死者比喻为“不知疲倦之星”，甚至是创世的神灵。

> “哦，那三桅船上伟大的你，请你将我带上三桅船，这样我就能履行为你划船的任务，这一任务是由不知疲倦之星来完成的。”
>
> “我是阿图姆，创造了天和所有存在物，我来自大地，创造了种子，我是万物之主，创造了众神，我是伟大的神，自我创造，我是生命之主，让九神团兴旺。”②

---

① R. O. Faulkner, *The Ancient Egyptian Book of the Dead*, London: British Museum Publications, 1972, Spell 15, Spell 101, Spell 136A.

② R. O. Faulkner, *The Ancient Egyptian Book of the Dead*, London: British Museum Publications, 1972, Spell 102, Spell 79.

升入天国的死者期望去往“灯心草之地”和“祭品之地”享受死后无忧无虑的生活。在《死者书》中“灯心草之地”被认为位于“祭品之地”之内，对于它们的描写《死者书》直接借鉴了《棺文》第159段和第464段的内容，将“灯心草之地”和“祭品之地”形容为类似伊甸园物质丰盈的乐土。

“我知道拉的灯心草之地，它的围墙是金属的；其中的大麦有5肘高，麦穗有2肘长，麦秆有3肘长。灯心草之地中的燕麦有7肘高，麦穗有3肘高，麦秆有4肘高。9肘高的灵魂们与东方的灵魂一起收割。”

“从这里开始是为祭品之地提供的咒语，……是为位于祭品之地内的灯心草之地提供的咒语……哦，亥泰普，空气女神，我得到了你所喜爱的祭品之地。我在其中吃，我在其中喝，我在其中耕作，我在其中收割，我在其中交媾，我在其中做爱，我不会消失，因为我的魔法是有效的。……我到达了祭品之地中的城镇，我在水域中航行，我跋涉过祭品之地，就如同位于天上的拉。”①

根据以上两段咒语，我们注意到在《死者书》中“灯心草之地”“祭品之地”依然同太阳神相联系，它们的位置应该位于天空。

除了“灯心草之地”和“祭品之地”，在《死者书》中“达特”和“罗塞塔乌”依旧是表示来世地点的名词。通过前两章的分析，我们大致了解了“达特”和“罗塞塔乌”的情况：“达特”被认为是存在于地下的“夜间天空”，与天空和大地都有着联系，是太阳和死者等待重生的地点，也是奥西里斯存在的地方；“罗塞塔乌”被认为是“达特”的入口，是“达特”的一部分，只与奥西里斯相关联，是容纳奥西里斯尸体的地方。很明显，作为表示来世地点的名词“达特”和“罗塞塔乌”既相联系又有所区别。不过，在《死者书》中这两者的差异变得模糊了，它们均指冥府，不仅是奥西里斯所在的地方，同时也是太阳神等待清晨初升时所要经过的地点。

---

① R. O. Faulkner, *The Ancient Egyptian Book of the Dead*, London: British Museum Publications, 1972, Spell 109, Spell 110.

"哦，我来了，我看到了你，我的巴；我打开了达特，这样我就能看见我的父亲奥西里斯，我为他驱赶走黑暗，因为我是他所喜爱的人。"

"这里是罗塞塔乌。它南侧的大门在纳莱夫（希拉康坡里斯附近的墓地，与奥西里斯神话相联系——引者注），它北侧的大门在奥西里斯之山；作为正义之岛，这里是阿卑多斯。换句话说，这里是我的父亲阿图姆前往灯心草之地时要经过的道路。"

"我是奥西里斯，罗塞塔乌之主。我与那坐在高座上的神灵分享，因为我来到了我的心所向往的火焰之岛……"

"这片位于水之上的道路是通往罗塞塔乌的道路……我开辟了去往罗塞塔乌的道路，我减轻了奥西里斯痛苦。"①

根据以上的内容，从表面现象上看，似乎《死者书》里所呈现的来世之地与《棺文》所反映的是相同的，即天国与冥府是分离并存的。然而目前很多学者认为整个《死者书》的内容其实就是将拉与奥西里斯视为同一。② 比如说在《死者书》中太阳神与奥西里斯共享着"永恒之主"和"众神之主"的称号。③ 不过与古王国时期奥西里斯被太阳神化不同，《死者书》中拉与奥西里斯的等同是通过二者的结合实现的。《死者书》中的第 17 段隐晦地描述了拉与奥西里斯的结合。

"我知道那位于西方的大神。他是谁？他是奥西里斯。以另外的方式说，他的名字是拉，他的名字是'赞美拉'，他是拉的灵魂，他自我交配。

我是赫利奥坡里斯伟大的不死鸟，是所有存在的管理者。他是谁？他是奥西里斯。……

至于那'到我这来'的日子，意思是奥西里斯对拉说：'到我这来吧，这样我就能看见你。'他在西方如是说。

---

① R. O. Faulkner, *The Ancient Egyptian Book of the Dead*, London: British Museum Publications, 1972, Spell 9, Spell 17, Spell 22, Spell 117.

② Margaret A. Murray, *The Osireion at Abydos*, London: Gilbert and Rivington Ltd., 1904, p. 26; Bojana Mojsov, *Osiris: Death and Afterlife of a God*, Malden and Oxford: Blackwell Publishing, 2005, p. 87.

③ R. O. Faulkner, *The Ancient Egyptian Book of the Dead*, London: British Museum Publications, 1972, Spell 15, Spell 43, Spell 149, Spell 183.

我是他位于两只雏鸟当中的双重灵魂。他是谁？当他进入门德斯（位于三角洲地区的宗教崇拜中心——引者注）时，他是奥西里斯。他在那找到了拉的灵魂，他们相互拥抱在一起。”①

在古埃及宗教里，“不死鸟”被看作是拉的“巴”，因此上面这一段文献似乎表明了奥西里斯与拉以“双重灵魂”的名义结合在了一起。不过这段文献的内容还是有些含混不清，我们很难从《死者书》中弄清拉和奥西里斯到底是通过怎样的方式结为一体的。

实际上，新王国时期太阳神信仰和奥西里斯信仰在神学上融合性的尝试表现最为明显的丧葬文献并非是《死者书》，而是《阿姆达特书》和《门之书》。《阿姆达特书》和《门之书》是新王国时期丧葬文献中的一种，它们在内容与使用上都与《死者书》有着很多不同之处。《死者书》可以被任何能购买得起它的人所使用，但《阿姆达特书》和《门之书》则不同，它们直到第二十一王朝之前一直是新王国时期国王所专用的，即使是王后都不能使用。② 与《死者书》一样，《阿姆达特书》与《门之书》都配有插图，但是这些插图并不是各自独立而是连续的，它们与文字一起构成内容相对稳定的丧葬文献，而并不像《死者书》那样是可长可短的咒语汇编。此外，与主要目的是帮助死者躲避灾难的《死者书》不同，《阿姆达特书》和《门之书》主要侧重于对冥府的描述，讲述了太阳神乘太阳船在冥府中十二个小时的经历，其时间只涉及从日落至日出的夜间时段。《阿姆达特书》与《门之书》在内容上基本相同，只是后者更突出法老的地位，其文献内容描绘出法老作为太阳神的伙伴经历了冥府巡行最后在清晨获得重生。

在《阿姆达特书》和《门之书》中，拉是以具有公羊头的“巴”的形象出现的，而奥西里斯则被视为是拉位于冥府中的尸体。《阿姆达特书》和《门之书》最重要的部分是对太阳神在阴间第六小时内的旅程的描写。在冥府巡行的第六小时，拉到达了冥府的深处，那里充满了原始瀛水——努恩，而拉的尸体奥西里斯便位于那里，作为一个“巴”拉要与他的尸体奥西里斯相结合。

---

① R. O. Faulkner, *The Ancient Egyptian Book of the Dead*, London: British Museum Publications, 1972, Spell 17.

② Erik Hornung, *The Ancient Egyptian Books of the Afterlife*, trans. David Lorton, Ithaca and London: Cornell University Press, 1999, p. 26.

“这伟大的神穿越过这座城市，他有着一只舟，行驶在水上。这只舟在这片水域努力地划行，驶往奥西里斯身体所在的地方。”[1]

配合着对第六小时行程的文字描写，《阿姆达特书》和《门之书》的插图直接表明了拉与奥西里斯的结合。在插图里，太阳神进入到奥西里斯的身体里，二者结合为一体。[2] 与奥西里斯结合之后，本来疲惫不堪的拉又焕发光芒，但是他自我生发的光芒给他带来了危险，一条潜藏着的名叫阿波菲斯的大蛇伺机要袭击拉。但是在众神的帮助下，拉在经历了种种危险之后成功地在东方升上了天空。太阳神与奥西里斯的结合给新王国时期的宗教信仰带来了变化：“奥西里斯的复活与日出和太阳每日的重生相等同。奥西里斯神话提供了一个思想体系，完美地补充了拉的天国神话。这样拉的太阳力量帮助奥西里斯复活，而奥西里斯的阴间力量则通过让太阳在半夜进入他的身体，从而使其返回到黎明。”[3]

《阿姆达特书》和《门之书》所描绘的拉与奥西里斯的结合，从形式上符合古埃及人灵魂观念中“巴”与死者尸体相结合从而实现永生的认识。我们在第一章中曾提到死者的“巴”与尸体之间存在着密切的联系，“巴”需要尸体的特征是为了保持它的身份，所以人死后完整的个体是由“巴”和尸体共同组成的。从这个意义上讲，作为“巴”的太阳神和作为尸体的奥西里斯的确可被视为是同一的。对于太阳神而言，他与奥西里斯的融合促成了一个生命的循环，这一过程不仅包含着冥府的经历，更预示着自己要重新升入天国，只有这样永恒的生命才能在天上与地下周而复始的运动中实现。正因如此，天国和冥府不应被看作是相分离对立的，它们也应同拉与奥西里斯相结合那样衔接起来。

天国与冥府的连接使古埃及死者的来世之旅变成了一个从冥府到天国的动态过程。结合着《阿姆达特书》《门之书》和《死者书》的内容，我们可以详细地了解到新王国时期死者的来世之旅。《阿姆达特书》和

---

① E. A. W. Budge, *The Egyptian Heaven and Hell*, London: K. Paul, Trench, Trübner & Co., 1906, p. 51.

② Erik Hornung, *The Ancient Egyptian Books of the Afterlife*, trans. David Lorton, Ithaca and London: Cornell University Press, 1999, p. 37, p. 62.

③ Bojana Mojsov, *Osiris: Death and Afterlife of a God*, Malden and Oxford: Blackwell Publishing, 2005, p. 86.

《门之书》主要以图画的形式介绍了位于冥府中死者的情形：在太阳西落的时候，位于西方的死者向太阳神表示问候，随后这些人追随着太阳神开始了夜间的旅程。在行进到夜间的第五个小时的时候，奥西里斯的审判大厅出现了，死者的“巴”接受奥西里斯的审判。在第六个小时，太阳神与奥西里斯结合，而死者的“巴”与自己的尸体结合。第七个小时，“巴”与尸体结合后，被确认无罪的死者获得供品并继续追随太阳神。到了第九个小时，死者们浸入到原始瀛水努恩当中，象征着恢复。直至夜间十二个小时结束死者们一直伴随着太阳神。[①]《死者书》也曾提到死者在阴间追随太阳神、受到奥西里斯审判的经历。

“哦，拉神，向你致敬……请为我准备一条道路吧，这样我才能顺利地进入美好的西方……请为我开辟一条路吧，那样我才能到达冥府并崇拜生命之主奥西里斯……奥西里斯请你给我指出一条路径吧，这样我就能顺利地通过冥府，因为我是正直可靠的；我从未故意说谎，我没有重复犯错。”[②]

通过上面的内容我们可以看出，新王国时期死者的来世之旅开始于冥府，并且在冥府要受到奥西里斯的审判，只有被确认品行良好才能顺利地穿越冥府。这一时期死者通过冥府的目的是为了追随太阳神前往天国。太阳初升之后死者的来世之旅主要体现在《死者书》中。

“奥西里斯某某在崇拜他的君主——永恒之主（指太阳神——引者注）时如是说：向你致敬，哈拉凯悌，凯普利，自我创造的神！当你从地平线升起用你的光芒照耀两地时你是多么的美丽！……那些在达特中的灵魂为了见到你、看见你美好的形象从阴间出来了。我也来到了你的身边，我与你在一起也是为了每天看到你的太阳圆盘。……愿你允许我到达永恒的天空，那令人喜爱的地方。”[③]

---

① Erik Hornung, *The Ancient Egyptian Books of the Afterlife*, trans. David Lorton, Ithaca and London: Cornell University Press, 1999, pp. 59 – 65.

② R. O. Faulkner, *The Ancient Egyptian Book of the Dead*, London: British Museum Publications, 1972, Spell 12 – 15.

③ R. O. Faulkner, *The Ancient Egyptian Book of the Dead*, London: British Museum Publications, 1972, Spell 15.

新王国时期死者的来世之旅最不可忽视的环节就是要经历奥西里斯审判。无论是已故法老还是其他人，也无论是顺利完成冥府的巡行还是跟随太阳神升天，其前提都是死者必须经历奥西里斯的道德审判被确认无罪。所以新王国时期的丧葬文献总是不会省略有关奥西里斯审判的内容。以这一时期最流行的丧葬文献《死者书》为例，其中不仅抄录着诸多咒语，有的还附带着精美的插图，正是这些内容反映出奥西里斯审判的详细过程。死者的灵魂被阿努比斯带到位于冥府当中的审判大厅。奥西里斯端坐厅中为审判官，审判中还有 42 位神灵作为陪审。这 42 位神灵很可能象征着古埃及的各个行政区域。“祭司将这些神灵置于奥西里斯审判中，目的无疑是想从全国的各个角落来核查死者的品质。因为死者始终要面对至少一个熟悉其名声的神灵，而无法做出欺骗行为。”① 奥西里斯的审判大厅放置着一架巨大的天平，阿努比斯对其进行操纵调整。死者的心脏被置于天平的一侧，另一侧则放的是象征正义与真理的羽毛，目的是检查死者的善恶德行。天平之前站着智慧之神托特，他执笔记录称量的结果。其身边还蹲着一个鳄鱼头的怪兽，它时刻准备吞吃掉没有通过审判的死者心脏。如果死者善重于恶，他将被荷鲁斯带到奥西里斯面前；如果死者恶重于善就要被怪兽吃掉心脏，永远死去。突出奥西里斯审判的作用显示了新王国时期古埃及人对位于冥府的来世的强调，这里是决定死者能否进一步达到永生的关键地点。

新王国时期古埃及死者的来世之旅变为了从冥府开始到升入天国的过程，这种转变的直接原因是太阳崇拜与奥西里斯崇拜的相融合。而两种信仰之间的结合产生的原因是多方面的。马其顿裔的美国埃及学学者博亚娜·莫伊索夫认为太阳神与奥西里斯的融合是受到了埃赫那吞宗教改革的影响：“这一时期（指新王国时期——引者注）迎来了一次宗教改革——一神教。这是历史上第一次出现唯一神的观念。一神教永远地改变了宗教。而一神教变革的后果是，奥西里斯神话与拉神信仰相融合……”② 对于这一观点本文并不同意。第十八王朝法老埃赫那吞进行了一场宗教改革，独尊太阳神阿吞，废除阿吞以外的所有古埃及的神灵信仰。对于埃赫

① J. H. Breasted, *Development of Religion and Thought in Ancient Egypt*, Philadelphia: University of Pennsylvania Press, 1972, p. 302.

② Bojana Mojsov, *Osiris: Death and Afterlife of a God*, Malden and Oxford: Blackwell Publishing, 2005, p. 54.

那吞宗教改革是否推行的是一神教的问题学界一直存在争论。刘文鹏先生在《古代埃及史》一书中的意见比较中肯，即埃赫那吞在主观上推行阿吞的一神崇拜，而在客观上又不能完全禁止传统神的信仰。[①] 实际上，在整个改革期间多神信仰从未在古埃及民众中消失，那怎么会在宗教改革失败之后就产生了影响呢？另外，我们应注意到体现融合思想的文献《死者书》和《阿姆达特书》的成文时间，这两种丧葬文献最早的相对完整版本都是出现在埃赫那吞宗教改革之前的。[②] 这样又何谈是宗教改革的影响呢？

我们认为之所以太阳神信仰与奥西里斯神话能够实现融合，首先是因为它符合古埃及人对于神灵的认识。古埃及人的神灵总在不断地演化，神际关系也是处于变动之中。如同霍农所说："古埃及神灵不断变化的神性与形象就如同古埃及的神庙一样，从未结束和完成，永远处于建设当中。"[③] 以太阳神拉为例，他就曾与公羊头的制陶神克努姆、鳄鱼神索贝克、战神孟图和底比斯的地方神阿蒙相结合。古埃及神灵的这种结合体现出埃及人认识世界的"多重性理解"，其成立的前提就是"一个单独的人类问题与几个自然现象存在着联系。[④]"而在生与死这个被古埃及人极度重视的问题上，太阳神与奥西里斯显然存在着相互融合的信仰基础。早在《金字塔文》中，太阳神就被描绘为有两只太阳舟，一只日间乘坐，一只晚间乘坐。夕阳西下，拉会乘着晚间的太阳舟，进入地下的世界。而在奥西里斯神话中，冥世之神奥西里斯就定居在地下的世界。从这一点上看，地下的世界无论对于太阳神还是奥西里斯而言都是实现再生的重要地点。此外无论是太阳由衰老到新生而实现的生命更新，还是奥西里斯死而复活的神话，都反映出一个主题即生命在循环式的运动中达到永恒，因此两者在生命对死亡的战胜与克服这一信仰方面有着重要的契合点。

除了信仰上的基础，新王国时期太阳信仰和奥西里斯信仰的迅速发展

---

① 刘文鹏：《古代埃及史》，商务印书馆2002年版，第466页。

② Erik Hornung, *The Ancient Egyptian Books of the Afterlife*, trans. David Lorton, Ithaca and London: Cornell University Press, 1999, p. 13, p. 27.

③ Erik Hornung, *Conceptions of God in Ancient Egypt: the One and the Many*, trans. John Baines, New York: Cornell University Press, 1971, p. 256.

④ H. Frankfort, *Ancient Egyptian Religion: An Interpretation*, New York: Harper & Row Publishers, 1948, pp. 19 - 20.

使它们的融合具有了现实基础。新王国时期伴随着王权的恢复，法老们延续了中王国时期第十二王朝的传统，将阿蒙神推上国家神的地位，阿蒙神与拉进一步融合形成了阿蒙－拉神，阿蒙－拉神成为新王国时期古埃及全国尊奉的太阳神。当然第十八王朝埃赫那吞改革期间，阿蒙神信仰也曾被禁止，但埃赫那吞所推出的阿吞神也是古老的太阳神形象。为了加强专制王权，新王国时期的法老大力扶植太阳神庙祭司集团势力，希望其帮助自己建立起君权神授的精神支柱。闻名遐迩的卡尔纳克神庙和卢克索神庙是主祭阿蒙神的庞大神庙建筑群，其主体性建筑都是在新王国时期兴建或扩建的。从这一点上可以看出，新王国时期太阳崇拜在古埃及社会中的影响力比起古王国时期有过之无不及。虽然太阳神崇拜在这一时期又达到了一个高峰，但是并没有夺去奥西里斯信仰的光彩。无论是普通大众可以使用的《死者书》还是国王所专用的《阿姆达特书》《门之书》等，其中都有专门的咒语片段或插图表明奥西里斯所主持的道德审判在死者来世生活中的重要地位。新王国时期的古埃及人认为只有通过了审判，被奥西里斯确认无罪，死者才能获得永生。由于这一观念的确立，奥西里斯信仰在这一时期得到了空前的发展。一块出自第十八王朝的碑铭大致介绍了奥西里斯信仰的主要崇拜中心，其分布地区北起三角洲的布塞利斯，南到上埃及的阿卑多斯。[①] 而实际上根据考古发掘，新王国时期奥西里斯信仰波及的最南地区大致在第一瀑布附近的毕佳岛。[②] 由此可见，当时奥西里斯信仰在古埃及的影响力。

信仰基础与现实基础为太阳神信仰与奥西里斯神话的融合提供了重要的前提，而新王国时期来世观念的变化则促成了两者的真正融合。这一时期来世观念的一个重要变化就是死者更加依赖至高无上的神。作为代表生与死最高境界的太阳神和奥西里斯，他们显然要成为死者最为重要的庇护者。二者的结合无疑会强化神在来世旅程里神圣力量的发挥，进而为死者提供更为强大和可靠的保证。死者可以凭借太阳神和奥西里斯双重的力量达到获得永生的目的。这与《棺文》中既可依赖太阳神也可依赖奥西里斯的来世生活还是存在差别的。

---

① M. Lichtheim, *Ancient Egyptian Literature*, Vol. II, London: University of California Press, 1976, pp. 81 – 82.

② G. Hart, *A Dictionary of Egyptian Gods and Goddess*, London and New York: Routledge, 1986, p. 165.

由于太阳神与奥西里斯在阴间的结合是通过“巴”与尸体相结合的形式来完成的，因此新王国时期死者的灵魂“巴”愈加受到重视。《死者书》中的插图反复呈现“巴”接受供养的场景，咒语内容也特别强调“巴”的健康永存，并保障“巴”与不会腐朽的尸体相结合，从而使死者实现永生。

“哦，为奥西里斯之家里各位完美的灵魂提供面包和啤酒的你，愿你在各个季节都为某某的巴提供面包和啤酒，他被提尼斯诺姆的各位神灵确认是清白的，他被你确认是清白的。”

“那在神龛中的大神，让我的巴无论在什么地方都来到我这里来吧。如果我的巴被带来有任何的拖延，你将会发现荷鲁斯之眼会站起来反对你。……愿我的巴看到我的尸体，愿它在我的木乃伊中歇息，永远不会被毁坏或消失。”

“哦，某某，让那些要伤害你的人陷入陷阱吧，因为你是有生命的，你的巴是健康的，你的尸体是不朽的。”①

由于新王国时期死者的来世地点变成了一个融合的动态过程，因此具有自由活动能力的“巴”是否能顺利地出入于天上地下，成为死者能否获得永生的关键性问题。《死者书》中有专门的咒语来保障“巴”的活动自由。

“我有力量做任何我想做的事；当我平和地出出入入时，我的巴和我的尸体在西方的大厅中不会受到限制。”

“我是不死鸟，是拉的巴，当众神走出达特的时候它引导着他们。这些灵魂在地上做着他们想做的事，某某的巴会根据他的意愿而走出去。”②

当然，除了“巴”，作为与死者永生有着密切关系的灵魂观念“卡”和“阿赫”，《死者书》也有专门的章节对其进行保证。这里需要特别注

---

① R. O. Faulkner, *The Ancient Egyptian Book of the Dead*, London: British Museum Publications, 1972, Spell 1, Spell 89, Spell 169.

② R. O. Faulkner, *The Ancient Egyptian Book of the Dead*, London: British Museum Publications, 1972, Spell 26, Spell 29B.

意的是丧葬文献在保证死者的“卡”获得良好的供养的同时，还特别强调“卡”要与“巴”紧密联系。

> “到遥远的地方去吧，你的卡与你的巴在一起。”
>
> “向你致敬，我终生的卡；嗬，我来到了你这里……我为你带来了泡碱和香料，这样我就能用它们来清洗你……任何罪恶都不能归罪于我，因为我是拉脖颈上的纸草护身符……如果护身符是白色的，那么我就是白色的，我的卡也将像那护身符一样。我的卡能得到和拉的护身符相同的供养，而且重量一样。”①

“阿赫”的概念，在这一时期仍旧是表明死者死后的一种存在状态。在这种状态下，死者可以实现永恒。

> “不会在西方死去，而是在那里变成阿赫。”
>
> “愿九神团同意某某成为阿赫，就像那些值得尊敬的阿赫。”②

新王国时期死者的来世地点在太阳神信仰与奥西里斯神话相融合的背景下实现了天国与冥府的衔接。但值得我们注意的是，宗教信仰上的变化似乎并没有完全改变古埃及人曾经有过的对于来世的恐惧心理。对于来世的不确定实际上在新王国时期依然存在，只是其产生的原因与中王国时期不同罢了。

2. 对来世的态度摇摆不定

与《棺文》相比，《死者书》中咒语的内容更加具有条理性，从这些咒语中我们可以较为清晰地认识到新王国时期古埃及人对于来世的种种认识。在天国与冥府相连接的来世里，天国部分大致是一番光明与美好的场景，这从前文对“灯心草之地”和“祭品之地”的分析中便可窥见一斑。但冥府部分就不像天国那般祥和了。通过对《死者书》的研究我们得知，在冥府中实际上存在着一部分漆黑恐怖的区域，那里有着漆黑的洞穴，太阳的光芒和力量到达不了那里，被称之为“毁灭之地”。

---

① R. O. Faulkner, *The Ancient Egyptian Book of the Dead*, London: British Museum Publications, 1972, Spell 92, Spell 105.

② R. O. Faulkner, *The Ancient Egyptian Book of the Dead*, London: British Museum Publications, 1972, Spell 30A, Spell 168.

“洞穴已经打开，那些灵魂坠入到黑暗之中。荷鲁斯之眼使我变得神圣，威普瓦卫轻抚着我；哦，不知毁灭之星，请将我隐藏在你们中间吧……我不会在死者之地第二次死去。”

“（奥西里斯与阿图姆关于冥府的讨论——引者注）哦，阿图姆，怎么让我来到了这片荒芜的地方，这里没有水也没有空气，这里幽深、黑暗而且很神秘。”

“我憎恨那东边的地域，我不会进入到毁灭之地。”①

“毁灭之地”被认为是处决没有通过奥西里斯审判的死者的地方。“在‘毁灭之地’中，存在着毁灭一切进入者的力量，在这关于毁灭的想象没有边际。由于劣迹多而在审判中被定罪的人被捆绑、砍杀，然后扔到火里……在种种不断重复的折磨中，罪人的肉体和灵魂同时被彻底毁灭。”②

即使在“毁灭之地”之外的冥府，来世生活也并非是一帆风顺的，死者也会遭遇各种潜藏的危险，如失掉心脏、蛇的袭击、尸体腐朽、无法呼吸、缺少水等。

“不要把一个在死者之地被确认清白的人的心拿走的咒语：我的心和我在一起，不会被拿走……我依靠着心中的语言而生，它不会被拿走……我带着它存在于父亲盖伯和母亲努特的体内，因为我没有做任何反对神灵的恶事……”

“在死者之地驱赶一条蛇的咒语：爬走！离开我，你这条蛇！去，你会被淹死在阿比斯的湖中，在那里你父亲所发出的杀死你的命令会被执行。”

“在死者之地不会腐烂的咒语：疲惫啊，疲惫，奥西里斯的这些追随者们！他们不会困倦，他们不会腐烂，他们不会腐烂，他们不会肿胀起来！愿同样的情况也发生在我身上，因为我是奥西里斯。——任何知道此条咒语的人都不会在奥西里斯的死者之地腐烂。”

“在死者之地给某某呼吸的咒语：哦，阿图姆，将你鼻孔中甜美

---

① R. O. Faulkner, *The Ancient Egyptian Book of the Dead*, London: British Museum Publications, 1972, Spell 44, Spell 175, Spell 176.

② 颜海英：《守望和谐——古埃及文明探秘》，云南人民出版社 2004 年版，第 144 页。

的气息给我吧。”

“在死者之地喝到水的咒语：愿大水向奥西里斯敞开怀抱，愿图特清凉的水和哈皮的水以我帕德苏的名字献给地平线之主……纸草之地的池塘被我所享有，无限的永恒赐予我，因为我是继承了不朽的人，被赐予了永生。”①

在这里需要特别注意的是，新王国时期的死者似乎特别害怕自己的心在死后被拿走。《死者书》中第26—30A段咒语是专门用来确保死者心脏与身体结合在一起的。古埃及人认为心脏是智力、记忆以及个人德行存在的地方，死后保留好心脏非常重要，因为心脏在来世能帮助死者表明自己的清白，从而通过奥西里斯的审判实现永生。

从以上所介绍的情况看，即使在宗教发展、社会稳定的新王国时期，古埃及人对来世仍抱有一定的恐惧心理。他们对于死亡的怀疑观点并未消失。我们在前一章中所提到的那首反映对来世抱有怀疑观点的安太夫《竖琴手之歌》竟也出现在新王国时期的文献和墓葬铭文当中。②此外某些墓葬的铭文也流露出这一时期的古埃及人对于死亡发出的悲观主义论调。

“这个正直的贵族是多么安静！那宜人的命运已经流逝。当神的时刻来临时，肉体死亡了，新的一代占据了他们的位置……我听到过所有发生的事，他们的房屋已经破碎，他们的居所不再存在；当神的时刻来临时，他们好像从未存在过……当你勉强度日时，请回想你（活着的）时日，全心全意地跟着你的心愿吧。那些日子再也回不来了。”③

尽管对来世悲观与恐惧的认识并未消失，但这并不是这一时期人们对于死亡的唯一态度。人们有关来世的乐观看法仍然存在。从第十八王朝开始，墓铭中出现了一种以“享受节日”为主题的内容。在这样的墓铭内

① R. O. Faulkner, *The Ancient Egyptian Book of the Dead*, London: British Museum Publications, 1972, Spell 29A, Spell 39, Spell 45, Spell 54, Spell 62.

② M. Lichtheim, *Ancient Egyptian Literature*, Vol. I, London: University of California Press, 1975, p. 195.

③ J. H. Breasted, *Development of Religion and Thought in Ancient Egypt*, Philadelphia: University of Pennsylvania Press, 1972, pp. 185–187.

容中，常常会出现死者所期望的美好来世生活的场景，“死亡”同时也被描绘成一种可以享受到的“节日”。

“在大厅中坐下来，根据人世间存在的习惯以愉悦你的心，涂抹上没药，装点上花环，在那为自己在底比斯西部建造的审判大厅中享受节日。”

“献给你的卡！在你美丽的永恒居所、永久居住地里享受节日吧。你的脸朝向拉，热爱你的主人……请接受花环，用上等的油涂抹你自己。参加到节日中来吧，以支持底比斯西部善良的神。”

“凯·海利特（死者名——引者注），正直的人！不要让你的心疲惫，一定，一定！你和你所爱的人。当你存在时不要让你的心痛苦。享受节日吧，一定，一定！”①

从以上这些情况可以看出，新王国时期古埃及人对死亡仍旧抱着摇摆不定的态度。其实这种态度早在中王国时期便明显表露出来，不过相比较而言，新王国时期人们对于来世生活所持的游移态度，其产生的原因与中王国时期是不同的。中王国时期人们对于死亡的怀疑和恐惧主要是受到动荡的社会现实的影响。但在新王国时期中央集权恢复强大的背景下，社会动荡已结束，因此这不能是导致该时期人们对于来世生活形成悲观主义认识的原因。综合考察新王国时期古埃及人的来世观念，我们发现对于来世生活的不确定性很可能是来自于人们对神灵的高度依赖。我们从丧葬文献中无数次地读到新王国时期的死者乞求神灵保护的词句，他们反复恳求神灵不要让他们遭受各种苦难和危险。

“愿你（指太阳神——引者注）允许我到达永恒的天空，令人喜爱的国度；愿我加入到死者之地中尊贵高尚的灵魂的行列；愿我和他们一起在你夜晚闪亮时看到你的美丽。”

“哦，图特，你维护奥西里斯反对他的敌人，愿你在每一位神灵和女神组成的法庭面前使某某的敌人陷入陷阱。”

“向你致敬，拉的九神团！我来到了你面前，因为我是拉的追随者；请为我准备一条道路，那样我就可以与你们在一起，因为我今天

① M. Lichtheim, *The Songs of the Harpers*, JNES, Vol. 4, 1945.

所做的事，我不会被赶走。”①

来世生活里人们日益依赖神灵，在这样的情况下，“神能够决定一个人死后的命运，但是人却无法知道神的意志，也无法猜测神的打算，一个人来世的命运有可能毁在神的喜怒无常之中。”② 于是在死亡这个无法回避的事实面前，古埃及人既希望死后生活能够幸福永恒，同时又害怕得不到神的充分保护，于是一种矛盾犹豫的心态在这一时期展现出来。这种心态很可能是导致古埃及人在来世生活中日益看重巫术的原因。比如说《死者书》这本具有巫术性质的咒语集成，它在新王国时期成了丧葬的必要部分，每一个能够负担得起《死者书》费用的古埃及人，都要获得一个抄本用以陪葬。他们期盼着可以借助《死者书》中咒语所具有的巫术力量躲避来世生活中的各种危险，甚至在神灵面前赢得好感。

三　进入来世条件的发展

在新王国时期古埃及人的来世观念里，人们更加依赖神灵的帮助，拉与奥西里斯通过结合共同引导着死者的来世之旅。拉与奥西里斯的结合以“巴”和尸体的形式展现出来，这种观念代表了死者获得永生的理想形式。对神的依赖、拉与奥西里斯结合等引发的来世观念演变直接影响到了新王国时期丧葬习俗和丧葬装备的发展。

1. 木乃伊的制作及木乃伊面具的新变化

新王国时期是木乃伊制作技术的完善时期。在前述内容中，我们曾谈到出于防腐的需要，古埃及死者的尸体在被制成木乃伊时要被摘除内脏。从第十八王朝开始，同样也是出于防腐的考虑，从死者头颅中取出脑髓变成了木乃伊制作过程中的一个标准程序。③ 除了死者的脑髓要被清除之外，为了良好地保持尸体原有的形态，内脏摘除时腹部切口、指（趾）甲的捆绑保护以及木乃伊凹陷处的填充等制作技术都日趋精良。总之，新

① R. O. Faulkner, *The Ancient Egyptian Book of the Dead*, London: British Museum Publications, 1972, Spell 15, Spell 20, Spell 187.

② 金寿福：《在希望与绝望之间——论古代埃及人来世观念的产生与发展》，《史学集刊》2005 年第 1 期。

③ 刘文鹏：《埃及考古学》，生活·读书·新知三联书店 2008 年版，第 364 页。

王国时期木乃伊的制作水平已达顶峰。古埃及人最大限度地保证了死者生前的容貌，为“巴”与尸体的顺利结合创造条件。

变化了的来世观念不仅促进了木乃伊制作的日益精细化，也催生了木乃伊面具的新发展。木乃伊面具的使用是比较有效的强化死者形象的手段。前述内容中曾讲过，随着“巴”的概念在来世观念中的日益重要，木乃伊面具发展起来。新王国时期的木乃伊面具不仅保留了它与“巴”之间的特殊关系，还体现出神在来世生活中的重要地位以及太阳神与奥西里斯之间的融合。新王国时期木乃伊面具材料通常为多层纸箱覆以泥灰层，在制作时一般还是遵照死者的形象进行描绘制作。不过也有一些例外的情况，比如第十八王朝早期存在一种罕见的面具刻有鸟类的羽毛，翅膀羽毛下垂到面部的边上，整个面具是一个完整的人头鸟“巴”的形象。[①]很明显，这种人头鸟形象的面具表明了木乃伊面具在“巴”与死者尸体结合过程中的作用。新王国时期木乃伊面具的另一个重要发展就是黄金面具的出现，从新王国时期开始王公贵族都采用黄金面具。黄金面具的坚固性是显而易见的，它可以对木乃伊起到更大的保护作用，但对黄金面具使用的意义还不仅如此。“在古埃及人的意识中，太阳神是最重要的神，闪闪发光的黄金或金光象征了太阳神的光辉，所以，古埃及人想象，一旦戴上了金面具，死者的灵魂就与太阳神结合在一起……”[②] 不过从另一个角度看，黄金面具包含了奥西里斯与拉相融合的意义：“（金面具的外形）暗示着奥西里斯的身体，而其金色的表面反映出的一种启示的意义，可以解释为是太阳的光线。”[③] 于是死者的尸身无论是从形式上还是从本质上都体现了奥西里斯与拉的融合。

从以上内容来看，新王国时期木乃伊制作及配套装备的发展主要体现出神在来世生活中的重要作用以及死者获得永生的理想模式。

2. 新王国时期的墓、棺及丧葬习俗

新王国时期是古埃及丧葬装备和丧葬习俗发展的顶峰时期，属于这一时期的大量墓葬被较为完好地保留了下来，通过对这些墓葬的考古发掘我们能够明显察觉到发展变化中的来世观念对于这一时期墓葬建造、丧葬装

---

① S. L. Kram and A. Dodson, *The Mummy in Ancient Egypt*, London: Thames and Hudson , 1998, p. 169.

② 刘文鹏：《埃及考古学》，生活·读书·新知三联书店 2008 年版，第 375 页。

③ Bojana Mojsov, *Osiris: Death and Afterlife of a God*, Malden and Oxford: Blackwell Publishing, 2005, p. 86.

备以及丧葬习俗的影响。

新王国时期的王陵出于安全等多方面的考虑已经放弃了金字塔式的复合型建筑，而采用了石窟墓的形式。从新王国第十八王朝法老图特摩斯一世开始直至第二十王朝的末代王，新王国时期的历代法老被葬于位于底比斯西岸隐秘的深山峡谷中，因此那里又被学者们称之为“帝王谷”。

新王国时期王陵的基本结构之一是具有狭长的墓道。关于王陵的这种设计，金寿福教授认为与太阳崇拜有着紧密的联系。新王国时期之前底比斯地区的主神之一是主司爱情和生育能力的哈托尔女神，底比斯西面群山不仅是太阳落山的地点，同时被认为是哈托尔女神出没的地方。王陵选择建在“帝王谷”，实际上是把国王休眠的地方同太阳孕育生命的地点相联系。长长的墓道好比是哈托尔女神拱起的躯体，国王的尸体进入墓道就如同太阳在女神体内运动，这样国王的再生和太阳返老还童的神话被等同了起来。[①]

新王国时期的王陵在形制上所发生的改变，使王陵不再具有明显的外部建筑，因此大量丰富而精美的装饰转移到墓内。“帝王谷”内的王陵内壁和墓室内柱子通常都装饰以种种祭神的场面，墙壁上还绘满了各种宗教文献的图饰，《阿姆达特书》《大门书》《大洞穴书》《天空书》等丧葬文献及插图在很多王陵的墙壁上都曾出现。王陵内部装饰内容的变化一方面反映出了神在法老来世生活中的重要地位，另一方面也揭示了新王国时期宗教信仰的发展以及来世地点的新变化。

与形制和装饰大体保持不变的王陵相比，这一时期贵族墓葬建筑则经历了一个阶段性的变化。在埃赫那吞改革失败之前，贵族的墓葬一直承袭中王国时期的岩墓形式。其内部装饰在埃赫那吞改革之前以纪念性场景为主，主要描写墓主人的日常生活，如农耕、狩猎、宴会、履行官员职责等，显示了墓主对于来世生活所盼望的内容。[②] 埃赫那吞改革期间，贵族岩墓的装饰内容发生了明显改变。贵族喜欢在墓室的浮雕、铭刻中反复强调他们与阿吞神和法老之间的亲密关系，献给阿吞神的赞歌被保留在贵族的墓室内的墙壁上。[③]

---

① 金寿福：《古代埃及人的来世观念与王陵内外部构造的关系》，《学术研究》2005 年第 10 期。

② J. H. Taylor, *The Death and Afterlife in Ancient Egypt*, London: British Museum Press, 2001, p. 152.

③ J. H Breasted, *A History of the Ancient Egyptians*, New York: Charles Scribner's Sons, 1905, p. 272.

从第十八王朝末期埃赫那吞宗教改革失败之后，贵族墓葬的建筑构造和内部装饰都大为改观。通常墓葬包括五个部分：金字塔、庭院、礼拜间、具有斜坡的走廊和埋葬间。这五个主要部分又可分为上、中、下三个部分，这三个部分象征性地反映了宗教意义。下部主要指具有斜坡的走廊和其通向的包括埋葬间在内的多个地下房间，这部分是对奥西里斯领地的一种再现。上部主要指金字塔和放置死者雕像的壁龛。这一时期被法老所弃用的金字塔为贵族墓葬所使用，不过规模已大大缩小，在放置雕像的壁龛地方常常会树立起一块石碑，上刻献给太阳神的颂诗。从这些可以看出上部结构象征着对太阳神的崇拜。贵族墓葬中部的结构主要包括庭院和礼拜堂，这里不仅是葬礼举行的地方，同时也是神灵崇拜的场所。这一时期贵族墓葬的这种新设计表明了墓葬本身概念性功能的进一步发展，死者作为一个参与者加入到太阳神的旅程当中，同时他也被等同于太阳神和奥西里斯。[①] 而墓葬本身作为死者再生的宇宙背景微缩，显然展现了天国与冥府的结合。与此同时，贵族墓葬内部装饰的主题也变得更为严肃和凝重，正如前面我们所提到的，像拉美西斯时期的墓葬开始忽略自传和日常生活的描绘，而是注重对宗教活动和神灵崇拜的描写。

由于来世观念演变所引发的丧葬习俗的转变不仅体现在新王国时期墓葬本身的建造与装饰上，也体现在几乎与墓葬有着同等意义的棺的发展上。第十八王朝早期流行一种名叫“利塞棺”的人形棺。它是一种模仿荷鲁斯翅膀、带有羽毛装饰的棺，整个棺盖除了死者的脸部、颈前部和足底外均被包裹在羽毛之中。这种棺先前被认为是描写伊西丝女神的翅膀怀抱着她的丈夫奥西里斯，而现在某些学者认为其涉及死者的灵魂“巴”[②]。奥西里斯信仰在新王国时期来世观念中占据主要地位，它以“巴”的形式将太阳神也吸纳到自己的领地之内，进而实现统一和结合。因此对“利塞棺”宗教意义的两种不同解释，不论是哪一种都与新王国来世观念的转变有着紧密的联系。

除了“利塞棺”，大约在第十八王朝法老图特摩斯三世统治时期，一种木乃伊人形棺流行起来。这种棺逐渐取代长方形棺和“利塞棺”成为

---

① J. H. Taylor, *The Death and Afterlife in Ancient Egypt*, London: British Museum Press, 2001, pp. 153 - 154.

② 刘文鹏：《埃及考古学》，生活·读书·新知三联书店 2008 年版，第 376 页。

新王国时期棺的标准形式。除死者头部形象露出之外，木乃伊人形棺棺盖的尸身部分被制成木乃伊状，并装饰以纵横的木乃伊包带，这让我们很容易联想起奥西里斯的形象。特别是在埃赫那吞宗教改革失败之后，这种棺还出现了一种新的彩色装饰，即在黄色的背景之下用彩色书写的铭文和描绘的形象，这也许是强调死者通过太阳灿烂的光辉而复活的理念。[①] 太阳神与奥西里斯的融合被其巧妙地体现出来。

人形棺的迅速发展并没有影响到古埃及人对于石棺的使用。新王国时期石棺盛行使用于王室墓葬，在第十九王朝之前私人很少使用石棺。王室所使用的石棺在第十九、第二十王朝有了新的变化，不仅其外棺为石质，其内棺也多为石质。第十九、第二十王朝法老的尸体大都存放在精心制作的多层长方形和人形的石棺中，一个套叠在另一个里面。这些王室石棺有着非常精美的装饰，棺面上雕刻着取自一些宗教汇编的片段及场面，如《地下世界书》《大门书》等。[②]

从新王国时期墓葬和棺的发展情况来看，它们集中反映了这一时期来世观念发展的两方面内容：一是对神灵护佑的高度依赖，二是对奥西里斯和太阳神在来世生活中相融合的强调。

3. 道德的完美至关重要

虽然各种丧葬装备仍是抵达来世的重要辅助手段，但新王国时期来世观念对道德的强调却是获得永生至关重要的内容。从中王国时期发展起来的奥西里斯审判观念，在新王国时期被完整并经常性地呈现出来，只有通过了奥西里斯审判，死者才有资格加入到永生的行列里。

为了获得永生，死者首要的任务就是在奥西里斯审判时表明自己的清白无过，于是我们看到在《死者书》中最重要的章节里充满了死者对自己生前行为的夸耀与标榜，否认自己在世间可能曾有的罪过。

> “您好！伟大的神，正义之主！我来到您面前，我主，就是为了能见到您的尊容。我认识您的名字，以及那些与您同在正义大厅中的四十二位神明的名字。……哦，正义之主就是您的名字。我来到您面前，我带来了正义，我为您驱走诡诈。我没有对人行恶。我没有虐待

① J. H. Taylor, *The Death and Afterlife in Ancient Egypt*, London: British Museum Press, 2001, p. 227.

② 刘文鹏：《埃及考古学》，生活·读书·新知三联书店2008年版，第377、379页。

牲畜。我没有在真理之处犯过。我没有知道那不该知道的事。我没有做过任何危害。”①

埃及学的学者们把《死者书》中类似的内容称为“反面忏悔”，最典型的例子是《死者书》的第125章，其内容通篇是表达死者品行良好的道德自述。现实生活中任何人都不可能在道德上毫无瑕疵，因此“反面忏悔”实际上是在为死者文过饰非，与此同时也反映出了《死者书》的巫术性质。古埃及人相信这些咒语可以帮助他们在死后顺利通过奥西里斯的审判，正像他们在《死者书》的使用说明中讲的那样。

“接受此文的人……他不能被阻拦于任何通往西方的门前，他将与上下埃及之王一同被召见，他成为奥西里斯的追随者中的一员。正确无误，灵验万次。”②

一些学者认为《死者书》的咒语性质实际上对古埃及人的道德意识的发展起到了消极的作用，比如美国的埃及学学者布利斯特德就曾说过：“《死者书》成为保证来世道德辩护的魔法手段，无论如何它已成为罪恶的推动力量。”③《死者书》是否真的成为罪恶的推动力量还有待进一步地商榷，因为我们并未获得可靠的证据证明新王国时期的社会道德在持续恶化。但有一点我们是可以肯定的，新王国时期的古埃及人更依赖于巫术魔咒所带给他们的好处。他们期望着巫术魔咒可以在来世发挥作用，以帮助死者通过奥西里斯的考验，使其顺利地实现永恒。从这一点上看，新王国时期的古埃及人的确是愈来愈看重奥西里斯所主持的对死者的道德审判了。

纵观新王国时期之前古埃及人在来世观念中对于道德的认识，我们发现了一个问题，即对于古埃及人而言，他们并不愿意承认自己是个罪人。他们通常表达出来的都是自身道德的完美性。“实际上，当他们提到一个

---

① R. O. Faulkner, *The Ancient Egyptian Book of the Dead*, London: British Museum Publications, 1972, Spell 125.

② R. O. Faulkner, *The Ancient Egyptian Book of the Dead*, London: British Museum Publications, 1972, Spell 125.

③ J. H. Breasted, *Development of Religion and Thought in Ancient Egypt*, Philadelphia: University of Pennsylvania Press, 1972, p. 309.

过失时，只是为了否认他们曾经犯过错误而变得有罪。"① 这种情况直到新王国早期一直都存在。但到了新王国时期的第十九王朝时，事情发生了改变，学者们发现了一些祈祷文，其内容证明了在这一时期，古埃及人有了罪恶感，同时他们常常将这种罪恶感与死亡联系在一起。第十九王朝一个叫奈克特阿蒙的人病了，他的父亲及兄弟向太阳神阿蒙奉献了一块石碑，碑上一段铭文表明奈克特阿蒙的父亲认为儿子病入膏肓是因为有罪而导致的。

"因为阿蒙神力量的伟大，他（指奈克特阿蒙的父亲——引者注）为他送上颂歌，在整个大地面前，他向阿蒙神提出卑微的恳求，为了画师奈克特阿蒙，一个公正者，由于罪孽现在病入膏肓将要死去，他位于阿蒙的神力之下。"②

四　小结

古埃及新王国时期的政权是在驱除外族侵略、重建国家统一的基础上建立起来的。新王国时期的法老们借助这一契机紧紧掌握住国家的行政权力，加强了对于地方的控制。为了重新树立起王权的权威，新王国时期的法老依旧遵照传统借助宗教的力量加强"神王观念"的宣传。不过，对于宗教力量尤其是阿蒙祭司集团势力的过分依赖使"神王"在宗教地位上逐渐屈居于神之下，于是这一时期古埃及人的宗教生活出现了一个新的情况，即个人在宗教行为和宗教情感上日益与至高无上的神相联系。

在"个人虔诚"的大背景下，古埃及人的来世观念也发生了变化。在更多的情况下，神灵对人们的来世生活发挥着保障的作用。作为在古埃及人来世生活中拥有着重要地位的两位神灵，太阳神与奥西里斯无可置疑地成为新王国时期古埃及死者最为依赖的神祇。因为王权权威重树的需要，太阳神崇拜在新王国时期拥有极大的影响力。由于中王国时期所奠定的基础，奥西里斯信仰逐渐在民众中拥有更多的支持力量。于是在两种信仰都得到发展的情况下，两者在古埃及人的来世观念中实现了某种融合和

① Alan B. Lloyd ed., *Gods, Priests and Men*, London and New York: Kegan Paul International, 1998, p. 51.

② B. Gunn, *The Religion of the Poor in Ancient Egypt*, *JEA*, Vol. 3, 1916.

妥协，奥西里斯的冥府成为太阳神夜晚要与奥西里斯相融合的地方，死者的来世之旅因此变成了冥府与天国相衔接的完整的动态过程。尤其值得注意的是，在新王国时期古埃及人的来世之旅里奥西里斯审判的地位得到突出的强调，这使得奥西里斯所在的冥府成为来世之旅中死者所要经历的最为重要的地点。

古埃及死者对于神灵的高度依赖和来世地点的变化在古埃及人对于死亡的认识以及丧葬习俗的演变方面都产生了诸多的影响。首先，同中王国时期一样，新王国时期的古埃及人也明显地存在着对于来世的怀疑，不过这种怀疑产生的原因却是不同的，前者是因为来世生活缺乏保障所引起的，而后者是因为神意的不可测性。正因如此，巫术在新王国时期古埃及人的来世观念里更加流行，人们冀望巫术能够帮助他们得到神灵的垂青，《死者书》就是这方面最典型的代表。其次，对于灵魂“巴”进一步强调。太阳神与奥西里斯的结合是以“巴”与尸体的结合形式进行的，这一形式代表了这一时期人们所认为的死者复活的最理想的状态，因此新王国时期古埃及人对于“巴”越来越看重，多个丧葬装备都与“巴”的观念相联系。再次，新王国时期墓葬的建造更具有浓厚的宗教意味，太阳神信仰和奥西里斯信仰被完美地结合在墓葬建筑中。从这些情况中，我们不仅能够看出新王国时期“个人虔诚”的影响，更能看出这一时期宗教发展的一些新情况。太阳神曾被认为是众神之王，但他却“屈尊”在冥府与奥西里斯相融合，从某种角度上说，这不能不是奥西里斯信仰的胜利。

新王国时期古埃及人对于死亡的种种理解、认识和经历是在古埃及人历史发展的巅峰时期产生的，它代表了古埃及人来世观念最系统、最为完整的内容，凝结了几千年中古埃及人在“死亡”这一问题上最精华的认识。

结　语

生与死是古代埃及宗教自始至终所讨论的问题，古埃及人几千年里苦苦追求的就是怎样将现实的生活借助各种力量无限延伸到来世，以便死者在那里享受到永恒的生命，因此那个所谓的来世对于所有的埃及人都具有无穷的吸引力。受到多神崇拜的影响，从古王国时期到新王国时期，太阳神所统治的天国和奥西里斯所在的冥府作为两个重要的来世地点始终并存在古埃及人的来世观念里。对于现代人而言，古埃及人对于来世地点的这种认识似乎是矛盾的，其实这正是古埃及人特有思维方式之所在。埃及学家将其称之为“多重理解”，因为在古埃及人看来“任何信仰的一个侧面都能在同时存在的其他观念中找到一个矫正的内容。”[①] 最关键的是所有这些理解坚持的是一个宗教追求。所以不论是升天进入太阳圈，还是入地拥有奥西里斯的生命，本质上古埃及人的希望都是相同的，即人与世间万物一样，遵循宇宙规律的变化，成为宇宙内成圆形规律性运动的一部分，从而实现人的生命的永恒。这才是古埃及来世信仰的终极追求。

在古埃及这个古老的国度，太阳与人们的生产与生活有着广泛而深入的联系，从而受到古埃及人普遍的崇拜。作为较早形成的全民信仰，太阳崇拜从自然力中获得启示也曾代表了古埃及人对于来世的最高理想。不过随着历史的发展，与墓葬有着密切关系的奥西里斯信仰发展了起来，古埃及人于是将对来世的期望逐渐转投到了奥西里斯那里。奥西里斯崇拜产生的时间虽较太阳崇拜晚，但奥西里斯所具有的再生能力使其与来世观念之间存在着一种天然的联系，奥西里斯所具有的人的特性更易于与每个普通的古埃及人相像。所以奥西里斯逐渐取代了太阳神成为掌控来世的主要神

---

① H. Frankfort, *Ancient Egyptian Religion: An Interpretation*, New York: Harper & Row Publishers, 1948, p. 121.

灵，最终还将曾“高高在上”的太阳神“引入”冥府与自己融合，实现了来世地点天国与冥府的结合。从某种角度上来说，奥西里斯信仰的壮大是民众信仰力量推动的结果。

然而，来世的生活不过是现实生活的一种幻象。古埃及人对于来世地点认识所经历的从强调天国到重视冥府的演化过程，完全是受到跌宕起伏的社会生活的影响。隐藏在来世观念嬗变背后的客观原因首先来自于古埃及王权的演变。古埃及特有的神王观念从很早起便将太阳崇拜同王权紧密地结合在一起，因此古埃及王权的演变成为太阳崇拜发展的晴雨表。古王国时期，古埃及国家处于完全统一和迅速发展的态势下，国家的统治迫切需要一个强有力的王权来维护当时良好的社会形势。紧紧握有重要的世俗权力的国王此时为了巩固自身的地位，开始借助宗教的力量尤其是太阳宗教的力量为自己摇旗呐喊。在王权和太阳神信仰相互依赖的关系下，太阳崇拜在这时的宗教生活里占有至尊地位，其影响力很自然地波及到来世观念里，于是古王国时期太阳神和其统治的天国在来世观念中占据主导地位。另外国王凭借其崇高地位不仅在来世里享有特权而且还发挥着重要的保障作用。与古王国时期相比，中王国时期的王权变得相对衰弱，这主要是因为经历了混乱的第一中间期。第一中间期的动荡影响到中王国时期，这使得中王国时期的社会生活主要处于浓厚的不安定的氛围之内。王权权威在这一时期无论是在政治上还是在经济上都被一定程度地削弱了。这一情况直接导致了两个结果：一是出现来世民主化，已故国王的某些特权开始丧失，他们对来世的保障作用也在逐步减弱；二是与王权相互依存的太阳崇拜遭到了一定打击，丧失了在来世生活中的主导地位，这给了奥西里斯崇拜以机会，奥西里斯以及他所统治的冥府逐渐展现其对于来世生活的影响。同样是经历了一个混乱的中间期，第二中间期之后的新王国时期则呈现出与中王国时期不同的情况。新王国时期的法老通过战争和扩张有力地恢复了世俗权力。但是由于受到第二中间期的诸多影响，法老在宗教上的神圣地位却逐渐逊色于神灵了。加之这一时期为了加强专制王权，太阳宗教又繁荣起来，同时奥西里斯崇拜也在中王国时期的基础上进一步发展，他们代替了神王成为死者在来世的主要依赖对象，两者及其所统治的天国和冥府实现融合和连接。在历史的发展过程中，王权的演变还使古埃及已故国王曾经在来世观念中的特权地位逐渐被剥夺——这种特权的丧失主要是指在来世地点变化的过程中，国王与普通人在死后所享受的待遇的区别越来越少，但国王与普通人死亡的差别并未被完全抹杀。因为作为神王，古埃及国王的神性一直都没有被最终放弃，这是我们必须强调的。从以上这些情况看，王权的变迁直接引发了宗教的变化，进而导致了来世观念的发展。至于古埃及王权演变的原因，我们必须将其放置于广阔的古埃及历史里来考虑。地方与中央权力的争夺（比如第一中间期至中王国时期的情况）、外族的入侵（比如喜克索斯人的占领）、神权与王权的斗争（比如新王国时期的情况），这些都直接导致了王权权威遭到破坏或削弱。所以往远一点说，这些历史事件的存在和发生是导致来世观念变迁的更深入的原因。

尽管在不同的时代背景下，古埃及人来世观念的内容不断发生着变化，但是他们宗教信仰的初衷没有变。古埃及人始终以不同的方式对抗着死亡，不懈地追求永恒的生命。这正是古老的东方宗教所展现给我们的特有的信仰与生活之间的互动。

附录（一） 主要的古代埃及墓葬遗址

阿卑多斯（Abydos）

阿卑多斯是古埃及著名圣城、最重要的考古遗址之一。它位于尼罗河西岸巴利亚纳附近，是古埃及早王朝的王室墓地，并有新王国时期重要的王室和贵族墓葬或纪念性建筑。在古埃及的政治史和宗教史上有着重要的地位。

最早对阿卑多斯进行发掘的是法国学者厄米尔·克莱蒙特·阿美利诺。1885—1886 年在一次破坏性发掘中，他发现了阿卑多斯最重要的墓地乌姆·卡伯，出土了无数埃及早王朝甚至是年代更为久远的陶器碎片，因此乌姆·卡伯常被称作“陶罐之乡”（Mother of Pots）。但遗憾的是阿美利诺对于此墓地的年代推断错误，没有正确地意识到这个墓地的价值所在。直至 1900 年，英国著名考古学家皮特里再次对阿卑多斯进行发掘，才将乌姆·卡伯的真正意义展现在世人面前——它是埃及史早期在位的国王们的葬身之地。皮特里还对阿美利诺先期发现的 18 个墓地进行了重新地整理和研究，辨认出了其中的 12 座墓的主人，其中 8 个属于第一王朝的诸王及王后，另外还有 2 个是属于第二王朝的国王。皮特里在阿卑多斯的考古工作对于埃及学的重要贡献在于，使古埃及第一、第二王朝为数众多的巨大王陵得以重见天日。

阿卑多斯遗址受到世人关注的另外一个原因是，它被称为“冥世之神奥西里斯的故乡”。奥斯里斯的名字在古王国第五王朝时就已出现在《金字塔文》中。第五王朝之后阿卑多斯成为奥西里斯的崇拜中心，从那时起古埃及人对于它的崇拜日渐狂热，直至新王国时期达到顶峰。新王国时期，许多埃及人希望死后要么葬在尽可能靠近位于阿卑多斯的公认的奥西里斯墓的地方，要么在阿卑多斯保有某种象征，即立有石碑并刻上死者的名字及称号和一段向神祈祷的祷词。因此，这里是重要的研究古埃及宗教信仰和新王国时期历史的遗址之一。

新王国时期，古埃及的法老如雅赫摩斯一世、图特摩斯三世、拉美西斯二世等，曾先后重建或扩建了位于阿卑多斯的奥西里斯庙。一些法老还在阿卑多斯建有衣冠冢或祭庙，其中塞提一世庙是此类庙堂中最为华贵的一座。该庙的祭殿中供奉着塞提一世和埃及各主要神灵。考古学家在该庙的一面墙上发现了我们现今所说的《阿卑多斯王表》，该王表即以发现地命名。此王表为精致的浅浮雕，刻于古埃及的第十九王朝，表现了塞提一世和其长子，即后来的拉美西斯二世，向75位祖先的牌位奉献祭品的情况。在距塞提一世庙仅400多米的地方坐落着拉美西斯二世庙，不过它的保存状况要远不及前者。从庙宇的外部看，该庙已有一半埋入了沙土中，墙壁和沙子已混为一体，而且周围的环境也不具备良好的条件对其进行修复。不过该庙中的一些浮雕还是值得一看的，质量较高，其中几块甚至还保留着原来的色彩。另外阿卑多斯的各神庙周围还分布着错综复杂的墓地，自史前时代至罗马时代各个时期古埃及都有人在此修建陵墓。

萨卡拉（Saqqara）

萨卡拉遗址位于开罗西南20多公里处的尼罗河西岸，是古埃及首都孟菲斯城“大墓地”的一部分。这里的墓葬以早王朝、古王国时期的为主，也有新王国、后王朝和希腊、罗马统治时期的墓葬。萨卡拉遗址南北长7公里，东西宽500—1500米，北端是早王朝时期的墓地，分布有15座法老和贵族的马斯塔巴墓，中部为古王国时期的金字塔群，最南端分布有第十三王朝诸法老的金字塔。

英国著名考古学家魁伯尔（J. E. Quibell）和埃默里（W. B. Emery）分别于1912年和1935—1956年在萨卡拉进行发掘，特别是埃默里在此地的惊人发现，使萨卡拉成为古埃及重要的遗址之一。第二次世界大战后，埃默里在萨卡拉发现了第一王朝的若干王墓、王后墓和贵族墓，墓中的殉葬品比皮特里在阿卑多斯发掘的还要丰富，这大大增加了早王朝时期古埃及的历史资料。目前考古学者在萨卡拉早王朝时期的马斯塔巴墓中，发现了与阿卑多斯出土相同的早王朝时代的6个王名和2个王后名。从墓葬的规模上看，显然萨卡拉的墓葬规模要明显大于阿卑多斯，并且没有发现像阿卑多斯墓中那样作为标志的石碑，因此近年来有人认为萨卡拉才是早王朝国王的真正埋葬处，而阿卑多斯只是形式上的墓地而已。

在萨卡拉遗址当中，还有一个“萨卡拉金字塔区”。现今埃及发现的金字塔大致都分布在吉萨、萨卡拉和孟菲斯三地。萨卡拉金字塔区中最为著名的是古埃及第三王朝左塞王的阶梯金字塔。该金字塔是现存金字塔中年代最早的，也是世界上最早用石块修建的陵墓。它约建于公元前2700年，由早期的马斯塔巴墓演变而来，共分6级，高约60米。建成之初，外层用石灰石包裹起来，周围设有祭殿和庭院，并且在广大的区域内用围墙围着，围墙南北长约540米，东西长约2700米。

除了阶梯金字塔，在其东北和西南，还分布着第三、第五、第六王朝诸法老的金字塔。比如第六王朝培比二世及其王后的金字塔等。培比二世是古埃及历史上在位最久的一个法老，他的金字塔群位于萨卡拉的南部，其组成部分除了金字塔本身，还包括下庙、庭院、神殿、走廊、库房、围墙等。在国王金字塔围墙的东南角外还坐落着3座小金字塔，分属于培比二世的三位王后，这几个王后金字塔虽然规模较小，但是重要建筑部分都完整，包括上庙、下庙与砌道。不过总体来说，第五、第六王朝的金字塔规模明显小于第四王朝建于吉萨的金字塔，石材比较粗劣。不过包括阶梯金字塔在内，这些萨卡拉金字塔的周围往往都分布有贵族的马斯塔巴墓，墓内有很多的浮雕和壁画，题材主要描写世俗生活，刻画生动具体，是研究古王国时期社会状况的重要资料。另外在萨卡拉遗址的南端还有第二中间期时的金字塔和墓地，考古学家就在萨卡拉的近郊发现了两座第十三王朝法老的金字塔废墟。从新王国时期起，特别是在后王朝和托勒密王朝时期，萨卡拉北部成为古埃及神圣动物埋葬的中心之一。

孟菲斯（Memphis）

孟菲斯位于尼罗河三角洲的南端，处于尼罗河谷和三角洲的结合部，是世界上最古老的城市之一，距今大约有4700年的历史。孟菲斯城是古埃及创世之神普塔的崇拜中心，还曾作为埃及古王国时期的首都，中王国后虽然首都迁于底比斯，但历代古埃及法老都在这里登基，因此这里是古埃及重要的政治、宗教、文化中心之一。不过现今繁华已逝，但由于孟菲斯特殊的历史地位，却留下了整个古埃及历史的纪念物。

孟菲斯遗址位于开罗以南的拉伊纳村，13 世纪这座古城经历了一场地震，当时许多建筑被毁坏，该城几乎成为废墟。18 世纪考古工作者开始发掘孟菲斯城遗址和附近的法老陵墓，由此这里成为珍贵的古埃及历史、文化、丧葬以及建筑、绘画、雕刻、造型艺术等方圆几十公里的巨大天然博物馆。在孟菲斯地区以该城遗址为中心形成了一大片皇家墓地，其中最引人注目的当属金字塔区。从孟菲斯到吉萨，在广袤的尼罗河西岸沙漠上星罗棋布的坐落着大大小小的金字塔，闻名遐迩的狮身人面像和胡夫金字塔，也是以孟菲斯及其墓地遗址的名称登录于世界遗产名录之中。

孟菲斯另外一个著名的古代遗迹是萨拉匹斯神庙。古埃及流行对圣牛阿匹斯的崇拜，而在古都孟菲斯，圣牛阿匹斯被认为是冥世之神奥西里斯的替身或孟菲斯的守护神。当时，孟菲斯供养阿匹斯神牛的庙宇曾是古埃及远近闻名的圣殿之一。1850 年，马里埃特在孟菲斯附近发现了埋在沙中的狮身人面像，受到古典作家记载的提示，他用两年的时间主持发掘出了该神庙。该神庙中有埋葬阿匹斯神牛的大型复式地下墓群，规模超过 800 英尺（约 244 米），如同一座地下陈列馆。墓中出土了 64 具阿匹斯神牛的木乃伊，并有大批注明日期的铭文，因而具有相当高的编年史价值。除了神庙本身外，还出土了 141 座狮身人面像列队的大道。由于对该神庙的发现，马里埃特由一名默默无闻的普通博物馆馆员一跃成为享誉国际的学者，而这座神庙和戴尔・巴哈里（Deir el - Bahri）的法老木乃伊、图坦卡蒙陵墓以及塔尼斯（Tanis）的王室墓穴，并列成为埃及学无比重要的发现。

底比斯（Thebes）

底比斯是古埃及重要的政治和宗教中心，有“百门之都”之称。它曾作为埃及中王国和新王国时期的首都，同时也是古埃及最重要的神明——太阳神阿蒙的崇拜中心。在 2000 多年漫长的岁月里，底比斯在古埃及历史上始终起着重要的作用，因此它是古埃及高度文明的见证，它的兴衰也是整个古埃及兴衰的一个缩影。

底比斯古城始建于古王国末期，新王国时期最为繁荣，公元前 27 年该城被一场大地震彻底摧毁。该古城及其附近墓地的遗址位于今天埃及的卢克索镇及其附近一带，横跨尼罗河中游两岸。东岸主要是城市遗址，有卡尔纳克和卢克索两处巨大庙宇建筑群，西岸为王室陵墓所在地“帝王谷”和“王后谷”，因此底比斯遗址既是旧日都城的历史档案馆，也是辉煌壮丽的庙宇和陵墓构成的建筑精品荟萃宝库。

卡尔纳克神庙和卢克索神庙均为埃及新王国时期神庙的代表作。卡尔纳克神庙坐落于卢克索镇南端，凝聚着埃及2000年建筑艺术的精华，它以宏大、雄伟、庄严而引人注目，庙中最蔚为壮观、令人慨叹的是“列柱厅”。在距离卡尔纳克神庙2公里的地方，坐落着卢克索神庙，该神庙位于卢克索镇北面。虽然该庙的建筑规模不及卡尔纳克，但是由于它是古埃及黄金时代的建筑，因此卢克索神庙以其典型的标准结构而闻名于世。原来卡尔纳克和卢克索神庙由一条所谓的“斯芬克斯大道”连接，道路两旁各排列着一排狮身羊头的斯芬克斯像，现今为了加强对古代遗物的保护，这些斯芬克斯像已经被全部移入到卡尔纳克神庙当中。以上两座神庙周围的区域便是底比斯城区，这里曾经坐落着法老的宫殿、贵族的官邸以及平民的居所，不过现今这些都已荡然无存。

底比斯不仅是法老生前的都城，也是他们死后的冥府。按照古埃及的宗教信仰，冥府要位于西方，因此底比斯遗址的西岸就成为古埃及帝王后妃和达官贵族的墓葬集中之地。新王国时期之后，埃及的法老们为了逃脱盗墓者的侵袭，他们在尼罗河西岸的底比斯高地上开始建造自己的秘密陵寝。在底比斯西岸，沿着尼罗河谷地边缘山崖长达数十公里的地带，布满了数以百计的古墓。在山崖与河岸之间是法老们建造的祭庙，而在山崖背后荒凉的山谷里则是法老木乃伊的秘密墓室，仅新王国时期的法老就有62位长眠于此，因而这里得名“帝王谷”。1922年，英国考古学家卡特就是在这里发现了著名的“图坦卡蒙陵墓”。古埃及流行法老和后妃的分葬，在距帝王谷1.5公里处坐落着所谓的“王后谷”，那里埋葬着法老的后妃以及子女。另外在“帝王谷”和“王后谷”的东面，接近法老葬祭庙的地方，还形成了所谓的“贵族谷”，是埃及贵族墓葬的集中地。在底比斯西岸还有一处重要的古代遗存就是哈特舍普苏特女王的葬祭庙。该庙由于阶梯式结构以及希腊式柱廊和独具特色的岩雕而蜚声世界。

在底比斯遗址，庙宇殿堂和陵寝墓葬，它们的魅力不仅仅在于自身建造的特色和规模，更重要的是它们为后人提供了有关古埃及社会生活的珍贵史料，让我们得以了解古埃及人的政治、经济、宗教、生活等多方面的情况，具有相当高的历史价值。

塔尼斯（Tanis）

塔尼斯遗址位于今天埃及的桑·埃尔·哈迦尔，距开罗东北约130公里，是尼罗河三角洲地区规模最大、意义最为重要的考古遗址，同时也是三角洲地区从古代保存下来的唯一一座比较完整的城市。塔尼斯古城曾作为古埃及第二十一王朝和第二十二王朝的首都，而且从业已发现的原封未动的古埃及王陵数量而言，这里超过了“帝王谷”，因此塔尼斯是研究后期古埃及历史的重要遗址之一。

据学者推测，塔尼斯古城可能建于新王国时期之后。但该遗址有一个非常显著的特点，遗址之内不仅包含着后期古埃及历史的遗存，还大量存在着较早的古埃及历史的遗迹。这些不是源于历史的积淀，而是人为造成的结果。第二十一和二十二王朝占据塔尼斯的法老们，为达到建造该城的目的，曾将其他早期城市里的雕像、建筑拆迁至此，最有名的就是第十九王朝法老拉美西斯二世建立的培尔·拉美西斯城，那里的雕像和方尖碑被悉数运抵塔尼斯。最早对塔尼斯进行发掘的是法国考古学家马里埃特。1860—1864年，他在塔尼斯的大神庙一带展开挖掘，发现了一批重要雕像，特别是属于古埃及史早期的雕像。皮特里于1884年也在此地进行了一些工作，绘制了大神庙地区的详细平面图。不过两人的工作并未让世人意识到塔尼斯遗址的重要性，直到法国考古学家皮埃尔·蒙泰（Pierre Montet）来到这里，塔尼斯才蜚声于世界，成为埃及学最伟大的发现之一。

塔尼斯位于尼罗河的三角洲地带，那里缺乏适合大型建筑基础工程或挖掘地下隧道所需的坚硬地质条件，于是像金字塔或“帝王谷”那样的王陵建造做法被废止。取而代之的是，塔尼斯的法老们将王陵建在了首都主神庙的设防院墙内。1939年，蒙泰在一座神庙的院墙内进行发掘时，他的工人发现了一座被石门封堵的地下墓室，后来证明那是一座带有四间墓室的连在一起的石砌陵墓，属于第二十一和二十二王朝的诸法老。其中的奥索尔科恩二世的墓穴已被盗掘。在这个墓址正北有另一座带有五间墓室的陵墓，该墓属于第二十一王朝法老普苏塞恩涅斯一世，在1939年被打开之前一直原封未动，是迄今为止在埃及所发现的唯一一座完全未被惊动过的法老陵墓。而且就单个埃及王陵陪葬品的丰富程度以及完好程度而言，普苏塞恩涅斯一世墓是唯一堪与图坦卡蒙墓相提并论的陵墓。在该墓中，考古工作者发现了巨大的红色花岗岩棺椁，椁内有一个黑色花岗岩套棺，该套棺是重复使用的较早年代的物品，存在年代要比死去的法老早200多年。在套棺之内是一银棺，银棺内盛殓着法老的木乃伊，在木乃伊之上，覆盖着黄金面罩，不过制作的精良程度不及图坦卡蒙的黄金面罩。另外，普苏塞恩涅斯墓中还出土了大量的随葬品，如首饰、金、银、铜器、大理石器具等，尽管不如图坦卡蒙墓的陪葬品丰富，但是也具有相当高的艺术价值。

在塔尼斯，除了普苏塞恩涅斯墓，其实还有几座保存完好的陵墓，只是其价值不及普苏塞恩涅斯墓。尽管现在塔尼斯王陵的大部分秘密似乎都已经被揭示出来，但该遗址余下部分的规模仍非常庞大，严格来说，考古学者迄今知道的只不过是其皮毛而已。

希拉康坡里（Hierakonpolis）

希拉康坡里遗址位于埃及南部考姆艾哈迈尔的尼罗河西岸。这里曾是古埃及文明萌芽阶段具有重要政治、宗教意义的城市和城市国家之一，同时也是埃及前王朝和早王朝时期具有代表性的遗址之一。希拉康坡里遗址的发掘和研究，对于了解古埃及早期国家的发展状况有着重要的、典型的意义。

希拉康坡里始建于公元前3400—前3100年，遗址的年代最早从旧石器时代和新石器时代开始，经早王朝和古王国时期，大约延续到新王国时期。不过该遗址最重要的价值还是在于它保留了大量前王朝和早王朝时期的遗存。1897—1898年魁伯尔曾在此发掘，近一个世纪以来，特别是20世纪50—60年代，欧美学者也曾多次在此进行考察。

希拉康坡里前王朝和早王朝时期的遗址包括居住遗迹、神庙、墓葬等部分。前王朝时期的居住遗迹包括中心城市及近郊，从其分布的范围来看，人口至多一万。早王朝时期城市的中心约北移400米，有土坯城墙，另有城门遗址两处，城内街道狭窄，土坯房密集。

希拉康坡里的希腊文意思是“鹰之城”，从很早起这里就信仰隼鹰神何露斯。后来该城发展成为古埃及王族兴起之城和王权之神何露斯的崇拜中心。在早王朝时期居住遗迹的城南角发现了一处神庙遗迹，可能为第二王朝时建造的城市保护神何露斯神庙的基址。在神庙区内最重大的发现是所谓的“大宝藏”。“大宝藏”位于神庙区东北方的一组建筑物墙下，埋藏坑中出土了数以千计的权标头和各种器皿，还有燧石刀、铜刀等工具，以及象牙与木刻的人物和动物雕像、调色板、圆筒形印章等。在这些远古文物中，最为著名的是蝎王权标头、纳尔迈权标头和纳尔迈调色板。这三件文物部分反映了古埃及统一国家形成前后的历史状况。另外还有一些文物反映了统一战争的过程、王权神化和王室经济的形成过程。关于“大宝藏”的年代，有着不同的意见，不过可以肯定的是其中的大多数东西都是属于前王朝和早王朝时期的。

在希拉康坡里遗址的前王朝居住遗迹东部发现了五座大墓，其中编号为100的墓葬由于墓穴墙壁上保留了一幅重要的壁画而闻名于世，因此100号墓又被称为“画墓”和“装饰墓”。该墓墓圹呈长方形，墓室面积为4.5米×2米×1.5米，墓室中间有低矮的横墙，由粗制砖砌成。该墓已经被盗，残存的随葬品只有30多件。在该墓的西墙上绘有彩色的壁画，内容较复杂且没有一定的次序，主题表现了希拉康坡里斯人对外来入侵者的抗击和胜利。现今大多数学者将100号墓确定为埃及前王朝时期的王墓。

赫拉克利奥坡里斯（Herakleopolis）

赫拉克利奥坡里斯遗址位于今天埃及贝尼苏韦夫城以西15公里处的尼罗河西岸，现今的名称为伊赫纳西耶·麦地那（Ihnayael - Medina）。古埃及的第九、第十王朝都曾建都于此，第二十二王朝利比亚人统治埃及时期，这里曾作为重要的军事驻防地。此外，赫拉克利奥坡里斯还是古埃及历史上颇为重要的宗教中心。因此赫拉克利奥坡里斯遗址的发掘对于古埃及的政治史和宗教史的研究有着非常重要的意义。

赫拉克利奥坡里斯曾是古埃及重要的宗教中心，许多神灵的崇拜都与此城有关。该城的守护神为羊头的赫利舍夫，希腊人将其与赫拉克里斯视为同一，该城由此得名。

在赫拉克利奥坡里斯旧城遗址的西北6.5公里处，坐落着大批法老时代以至希腊罗马时代的墓葬。这些墓葬绝大多数是属于古埃及的一些显贵的，其中最为重要的几座墓属于第十八王朝的几位官员和一位王子，还有第十九王朝的两位维西尔。另外在古城遗址的边缘内侧还发现了一些墓葬。1966—1969年、1976—1977年西班牙考古学家将其中一座墓葬发掘整理出来，经研究将其年代定为第一中间期或者中王国时期的起始阶段。1984年之后，西班牙的考古学家先后又发掘了几座墓葬，这些墓葬均属于第二十二王朝的王室成员。

纳帕达（Napata）

纳帕达遗址位于尼罗河第四瀑布下游，在今天苏丹北方省库赖迈的附近，距离苏丹首都喀土穆北400公里。纳帕达城曾是古代努比亚人所建立的库施王国的首都，同时这里也是努比亚地区的宗教中心，由于历史和地理的原因，这里深受古埃及文化的影响。公元前8世纪，埃及化的努比亚统治者曾征服埃及，并在埃及建立了第二十五王朝，直到公元前7世纪被亚述人逐出为止。正是由于这些原因，此处遗址的发掘对于研究古埃及的历史尤其是后王朝时期的历史有着十分重要的意义。

纳帕达遗址背依巴尔卡山，并不是一个单一的城市，而是一个地区，它伸展到库赖迈的东部和南部，从努里一直到库鲁，在尼罗河流域绵延60多公里。关于纳帕达城的历史可以追溯到古埃及的新王国时期。法老图特摩斯三世统治时期，曾将势力扩展到巴尔卡山，并将其作为埃及帝国的南疆，同时把其统治的城市命名为“纳帕达”。考古人员在纳帕达附近的巴尔卡山上发现了一块新王国时期的石碑，碑上述及一座堡垒的情况以及阿蒙霍特普二世曾把一个亚洲囚犯吊死在堡垒的围墙上。石碑的发现证明了纳帕达与古埃及之间存在着密切的联系。

埃及新王国光辉而短暂的统治时期之后，努比亚的情况几乎毫无记载。20世纪G. A. 冯·雷斯纳在纳帕达附近的库鲁大坟地发掘出了一系列王公的坟墓，据研究这些墓葬的年代属于公元前9世纪，其结构先是土丘，后来则是石头建筑的墓室。公元前8世纪中期，这些王公的后裔在古埃及建立了第二十五王朝，即所谓的努比亚王朝。严格来说，库施文化是一种起源于非洲的文化，但是对古埃及的入侵和统治，使这种文化明显留有了古埃及文化影响的印记。第二十五王朝的始祖皮安希国王把原有的努比亚人的马斯塔巴墓改造成金字塔形式，这种墓葬很快流行于纳帕达。在巴尔卡山下和库鲁、努里一带的尼罗河畔分布着多座库施国王的金字塔，其中最大的金字塔是属于国王塔哈尔卡。不过这些金字塔的样式更容易使人回想起新王国末期显贵们的坟墓，而非第四王朝宏伟的金字塔。不过纳帕达金字塔的墓室、花岗岩石棺的装潢以及墓中的陪葬品全都是古埃及式的。除此之外，在纳帕达地区发现的石碑、铭刻以及某些佩饰也反映出古埃及文明的特征。

纳帕达除了曾是库施王国的首都之外，还是努比亚地区的宗教中心。因为受到古埃及文明的影响，库施王国的努比亚人奉阿蒙神为至高无上的神，而纳帕达附近的巴尔卡山从新王国时期开始就被认为是阿蒙神居住的圣山，而纳帕达便是供奉阿蒙神的四处主要神庙的所在地之一。目前考古人员在纳帕达附近的巴尔卡山麓发现了 13 座神庙的废墟，同时发现的还有三座宫殿的遗迹。

从 1903 年开始，意大利、德国、埃及、英国等国的大型考古活动先后在纳帕达展开，所取得的成果成为苏丹主要的考古发现之一。它不仅使人们能够更多地了解古代努比亚地区的历史，而且也获取了古埃及文明在该地区产生影响的证据。

阿布辛拜勒（Abu Simbel）

阿布辛拜勒遗址以展现新王国时期特有的岩窟庙为特色而闻名于世。该遗址位于埃及的阿斯旺省南部，靠近苏丹边境。此处现存的岩窟庙主要有大小两座，均为拉美西斯二世统治时期所建。1813 年该遗址被发现，1817 年意大利人贝尔佐尼等人对此处进行了第一次实地考察。

所谓的岩窟庙同“帝王谷”的岩窟墓类似，是利用山崖开凿出来的神庙，这种神庙是新王国时期特有的建筑形式，其代表就是阿布辛拜勒神庙。我们通常所说的阿布辛拜勒神庙指的是此处较大的一座，又称“拉美西斯二世庙”。这座神庙是献给阿蒙神、拉·哈拉凯悌和普塔神的，并且也纪念拉美西斯二世本人，实际上是一座神庙和祭庙的结合体。该神庙坐西朝东，是在尼罗河西岸的沙石峭壁上开凿出来的，纵深近 60 米。神庙门面开凿于峭壁斜坡之上，洞口即神庙的塔门高 32 米，长 36 米。洞口两旁分列着四尊 21 米高的拉美西斯二世坐像，这四尊巨像是古埃及新王国时期雕刻艺术的杰出代表作之一。不过由于曾经历地震，南面第二尊巨像的面部损毁严重。在四尊巨像的每条腿旁还雕刻着拉美西斯二世的王后和子女的小雕像。

拉美西斯二世庙内部由三个相互连接的大厅组成。其中进入塔门后的第一厅最大，长 20 米，宽 18 米，四周粉红色的沙石墙壁上刻绘着有关拉美西斯二世征战的壁画。其中一幅拉美西斯二世在奔腾的战车上弯弓搭箭的壁画最为著名。穿过大厅，在神庙最西面的沙石墙上并排雕刻着四尊雕像，从左至右分别是普塔神、阿蒙神、拉美西斯二世、拉·哈拉凯悌。每年的 2 月 21 日（拉美西斯二世的生日）和 10 月 21 日（拉美西斯二世的加冕日），初升太阳的光线都会穿过深邃漆黑的内厅直射到神庙最西面的墙上。因为在古埃及普塔神又被认为是黑暗之神，要永远保持在黑暗之中，所以阳光只会从阿蒙神开始依次照亮其余三尊雕像，前后共持续 20 分钟，这一现象成为吸引大量游客前来瞻仰的人文奇观。

在拉美西斯庙的北侧，还有一座较小的岩窟庙，这里是用来祭祀古埃及女神哈托尔和拉美西斯二世王后尼斐尔泰丽的。庙的前面排列着六尊 11 米高的雕像，三座属于拉美西斯二世，三座属于他的王后。

20 世纪 60 年代埃及修建阿斯旺水坝，为了避免两座岩窟庙遭到淹没，联合国教科文组织和埃及政府派遣国际工程师和科学家小组，将两座神庙移到离尼罗河 201 米远的 65 米高处。不过由于计算的误差，目前拉美西斯庙的日出奇观时间比从前推迟了一天。

达舒尔（Dashur）

达舒尔遗址位于萨卡拉南 2 公里的沙漠边缘，长 3 公里，宽 1.5 公里，主要保存了五座金字塔和部分墓地、神庙的遗迹。

该遗址中现存的五座金字塔，其中有两座是属于埃及第四王朝法老斯尼弗鲁的。这两座金字塔的保存状况较好，规模也比其余的三座中王国时期的金字塔大。斯尼弗鲁先是在达舒尔的南部建造了一座金字塔。该金字塔高 97.26 米，边长 188.56 米，最初的底角为 54°31′，当建造到大约一半处，发现角度倾斜太陡，于是将角度改为 43°21′，结果造成下陡上缓的倾斜形，因此该金字塔被称为“弯曲金字塔”或“折角金字塔”。该金字塔周围有许多附属建筑，构成了一个标准的金字塔群。

在达舒尔遗址的北部有一座所谓的“红色金字塔”，因其表面覆盖着红色的石灰石故而得名。这座金字塔也是斯尼弗鲁为自己建造的。这座金字塔边长 213 米，高 101. 15 米，倾斜度为 43°40′，是真正意义上的角锥形金字塔。它为巅峰时期的金字塔建造奠定了基础。

除了斯尼弗鲁的两座金字塔，达舒尔还有三座金字塔，分别属于塞索斯特里斯三世、阿美涅姆赫特二世和阿美涅姆赫特三世，其中最为著名的是阿美涅姆赫特三世的金字塔。这座金字塔的塔基为石灰岩，上部却是黑色的泥砖结构，因此该金字塔又被称为“黑色金字塔”。由于年代久远和所使用的泥砖的不坚固，这座金字塔已经有一半坍塌了。

1839 年在塞索斯特里斯二世金字塔处出土了六艘木船。通过分析这六艘木船的结构和制造技术，不仅可以了解古埃及船舶的真实情况，而且也可以看出中王国时期古埃及造船技术的进步。目前这六艘木船中有两艘被埃及的开罗博物馆收藏，另外四艘则存放于美国芝加哥自然史博物馆。

在达舒尔遗址除了金字塔之外，还有一些遭破坏比较严重的神庙和王室成员的马斯塔巴墓。在残留的神庙石壁上，我们现在仍能看到斯尼弗鲁时代精美的石刻，表现了祭祀时的宏伟场面。另外在马斯塔巴墓中还出土了大量极为名贵的珠宝首饰，属于中王国时期部分王室妇女。

吉萨（Giza）

吉萨是古王国孟菲斯大墓地的一部分，是第四王朝时期墓葬遗址的集中之地。它位于开罗西南 16 公里处的尼罗河西岸，举世闻名的三大金字塔和斯芬克斯像就保留在这里。

吉萨是金字塔的集中之地，从吉萨金字塔区的北门进入，依次能看到胡夫、哈夫拉、孟考拉祖孙三代的金字塔。其中胡夫金字塔又被称为“大金字塔”，原高 146. 5 米，现高 137. 2 米，共用了 230 万块平均 2. 5 吨重的石灰石砌成，是世界七大奇迹之一。除了金字塔主体工程外，在大金字塔的东侧原有上庙和下庙等附属建筑，不过现今可能被埋于现代定居点的下面。另外在大金字塔的东、南、西三面还分布着一些王室成员和贵族的小型金字塔或马斯塔巴墓，如胡夫王妃海努特森 11 米高的金字塔等。这些附属的墓葬都按列规则地分布在金字塔的周围。

距离大金字塔西南 160 米处，是胡夫继任者哈夫拉的金字塔。该金字塔原高 143. 5 米，现高 136. 5 米。哈夫拉金字塔与东侧的葬祭庙、砌道和河谷庙一起构成了一座完整的金字塔群，它是古王国时期金字塔群体建筑的典范。哈夫拉金字塔群的另一个重要组成部分是闻名于世的斯芬克斯像，又称狮身人面像。该雕像高约20米，长55米，坐落于哈夫拉金字塔的东侧。最初雕像有鼻子和胡子，中世纪时被人作为炮击的靶子打掉，现在被打掉的胡子和鼻子存放于开罗博物馆。

哈夫拉金字塔的西南200米处为哈夫拉儿子孟考拉的金字塔。这座金字塔的高度要比前两座矮许多，原高66.5米，现高62米。不过该金字塔本身的保存状况尚好，只是附属建筑都已成废墟。在孟考拉金字塔的南侧有三座王妃金字塔，保存尚好。

1817年意大利人乔瓦尼·巴蒂斯塔（Giovanni Battista）最早对吉萨的金字塔区进行了发掘，此后各国的考古学家陆续到来，直至今日在吉萨的考古和研究工作仍在进行。20世纪50年代，考古工作者在胡夫金字塔的南侧发现埋藏有法老太阳船零部件的坑穴。目前在考古原址上建立起了一座博物馆，专门展示出土并复原的太阳船。近年来，美国和埃及的考古学家在吉萨金字塔地区还先后发掘出了一些金字塔建筑工人住所的遗址，包括面包房、啤酒厂、金字塔建造者的墓地等。

赫利奥坡里斯（Heliopolis）

“赫利奥坡里斯”源自希腊语，意为“太阳城”，在古埃及赫利奥坡里斯是太阳神拉的崇拜中心。赫利奥坡里斯位于开罗东北10公里处，曾是下埃及第15州的首府，不过它的代表意义不在于政治方面而在于宗教和文化方面。在古埃及这里不仅是宗教崇拜的中心，同时也是教育重镇，赫利奥坡里斯的神庙担负着一定的学校教育职能。

现今在赫利奥坡里斯只有少数古迹被保留下来，而寺庙几乎全毁，唯一保存下来的纪念物是塞索斯特里斯一世的方尖碑。该方尖碑高20米，用整块红色的花岗岩雕成，上面镌刻着塞索斯特里斯一世的王名，这座方尖碑是现存最古老的方尖碑。

在赫利奥坡里斯遗址，目前被发掘出来的遗迹只有一个前王朝的墓地。这座墓地位于距现在尼罗河东岸20公里处的沙漠平原上，1950年由于在该地有一项建筑工程而偶然发现了它。旅居埃及的法国考古学家弗南德·迪波诺（Fernand Debono）首先对此墓地进行了发掘，出土了45具人的尸骨和11具动物的遗骸。此后发掘工作继续进行，不过直到目前为止，赫利奥坡里斯的这处前王朝墓地仍未完全发掘出来。同上埃及前王朝时期的涅伽达文化作年代学的比较，赫利奥坡里斯墓地的年代应属于公元前 4000 年代前期，即涅伽达文化Ⅰ和涅伽达文化Ⅱ的早期。

贝尼哈桑（Beni Hasan）

贝尼哈桑是现代埃及一个村落的名字，位于尼罗河东岸，在明亚东南 24 公里处。此地在古埃及时代属于上埃及第 16 州，这里因拥有大量古代墓葬，特别是属于中王国时期的石墓而闻名。

贝尼哈桑地区的墓葬主要是属于古埃及行政和军事官员的，其年代从古王国时期一直延伸到第三十王朝，但缺少新王国时期的墓葬遗址。其中最重要的墓葬群是属于中王国时期的地方长官和其下属的，位置在贝尼哈桑现代城镇的北面。中王国时期的墓葬共 39 座，均为石墓，方向大致呈东西走向，而且所有的墓葬都有一个小的、石砌的前厅。这 39 座墓葬按建造结构可以分为三种类型。第一种构造比较简单，只包括一个正方形的墓室，偶尔也会有拱形顶棚的出现。第二种墓葬为长方形墓室，墓室的顶棚由一排或两排莲花柱头的石柱支撑，且这些石柱与墓室的顶梁相连接。第三种类型的墓葬结构相对比较复杂。首先是一个开放的前厅。之后是一个有拱顶的、由两根柱子支撑的柱廊，通常此处的柱子为八边形或十六边形。再接着是由两排柱子或两根柱子支撑的正方形的主室，主室的顶梁为纵向。最后一部分是存放墓主人雕像的灵龛，有的时候也会有墓主人亲属的雕像。

在 39 座中王国时期的石墓当中，只有 12 座有铭文，其中比较著名的铭文是几位地方长官的自传，尤其是克赫努姆荷特普二世（Khnumhotep Ⅱ）的自传，为我们提供了关于第十二王朝时期上埃及第 16 州的历史信息。此外在墓葬中出现的壁画也十分的珍贵。壁画所描写的场景丰富多彩，包括日常生活、祭祀典礼等。极个别的还出现了对战争、沙漠狩猎、体育运动、舞蹈的描写。尤为值得一提的是，在克赫努姆荷特普二世的墓葬壁画里还出现了著名的亚洲商队的形象，说明了墓主人与亚洲部落的联系和交往。

虽然在贝尼哈桑没有新王国时期的墓葬，但是还保留有新王国时期某些遗迹。在中王国墓葬群的南侧，有一座哈特舍普苏特时期建造的神庙，用来祭祀当地的狮子女神。

附录（二） 主要的埃及学博物馆

埃及博物馆（Egyptian Museum）

埃及博物馆是世界闻名的大型博物馆之一，藏有埃及考古发现最精华的部分，是世界上最著名、规模最大的收藏古埃及文物的博物馆。该馆的建立要归功于法国著名学者马里埃特。19 世纪下半叶，此人任埃及文物局局长期间为避免埃及文物流往国外，建立了埃及博物馆的雏形，因此他被埃及人称为“埃及博物馆之父”。

最初，埃及博物馆的馆址位于开罗附近的布拉克，1902 年才迁于现址——埃及首都开罗的解放广场。因为该馆专门收藏展出公元前 3100 年古埃及第一王朝至公元前 332 年亚历山大大帝征服埃及时期（此段时期又称法老时代）的文物，因此埃及人又习惯称之为“法老博物馆”。目前该博物馆内收藏有各种古埃及文物达 30 余万件，但陈列展出的只有 6.3 万件左右，其中包括石雕、刻像、壁画、木乃伊、王室棺椁、陪葬品、金银器皿、珠宝、纸草书画、工艺品、兵器、农具等。

埃及博物馆的馆舍是两层的古老而豪华的宫殿式建筑。一进大门迎面便是博物馆的中央大厅，厅内赫然耸立着第十八王朝法老阿蒙霍特普三世及王后的巨型雕像。为了方便参观者顺利浏览，该馆在每层楼大厅柱子上端，都标示出数字以表示展室和通道的编号。该馆的一楼是埃及古代历史发展情况的介绍，这里依照历史年代的顺序依次摆放陈列了埃及古王国时期、中王国时期、新王国时期、后期埃及时期和希腊罗马时期的古埃及文物珍品。古王国区的代表作有出土于萨卡拉金字塔祭殿附近的“左瑟王坐像”（属于古埃及第三王朝）、“培比一世和王子麦然拉雕像”、“开罗书记像”等。特别是“开罗书记像”具有相当高的水平，雕像写实逼真，反映了当时雕刻的高超技艺。中王国时期的代表藏品有“孟图霍特普二世坐像”“行进中的士兵群像”等。群像作品在古埃及的考古发掘中并不多见的，这组群像反映了当时动荡的社会状况。馆藏的新王国时期文物相比于古王国和中王国时期有极大的丰富，除了图特摩斯三世、拉美西斯二世、阿蒙霍特普四世像等珍贵文物外，最值得一看的应该是从第十八王朝法老图坦卡蒙墓中发掘出来的古物，不过这部分藏品陈列在二楼。希腊罗马时期的古埃及文物，突现了埃及艺术与希腊、罗马艺术的交融性，希腊的自然主义和罗马的写实主义为古埃及的传统文化注入了新的生机。

埃及博物馆的二楼依照收藏的种类加以陈列，属于专题陈列区，设有木乃伊、珠宝、棺木、绘画、随葬品、纸草文书等专题陈列室。仅二楼东侧的几个陈列室就展出有图坦卡蒙墓的随葬品 1700 多件，而这些古物绝大部分都是黄金制的。在这些金光闪闪、令人眼花缭乱的宝物中，图坦卡蒙的“黄金面罩”“黄金棺椁”和“黄金宝座”可称得上是埃及博物馆的镇馆之宝，它们可与世界任何一个博物馆中最值得夸耀的文物媲美。二楼另一个吸引人的地方是西南角的木乃伊陈列室。事实上，该陈列室是埃及博物馆的馆中之馆，进入该陈列室需要另付门票。木乃伊室内光线晦暝、气氛凝重，在几十个玻璃罩子里安放着埃及历代法老及其后妃们的木乃伊，其中保存最为完好的是第十九王朝法老拉美西斯二世的遗体。据说学者们在为这个名噪一时的法老检查“身体”时，发现他曾被牙痛长期折磨。二楼除了以上两个引人入胜的参观景点外，比较有特色的还有纸草陈列室和模拟古埃及平民生活场景的陈列室。在纸草陈列室当中，展示有关寺庙礼节、祭司职责等史料，但最主要的纸草图卷还是以《死者书》为主。在模拟古埃及平民生活的陈列室当中，展示古代埃及的各种木制、皮革制、麦秆制的生活用具，啤酒、葡萄酒、水果、面包、肉、蔬菜等食物，纺织机模型，犁、锄、镰等农具，棍棒、投掷器、斧、弓、箭等武器，竖琴、七弦琴、横笛、鼓等乐器，水平器、笔、调色板等文化用品。这些器物模型配以人物模型，生动地反映出了当时人们丰富多彩的生活和一定的科学技术水平，使观众更能直观地了解当时古埃及社会生活的局部面貌。

大英博物馆（British Museum）

大英博物馆坐落在伦敦城西北的布卢姆伯里区，始建于 1753 年，1759 年正式对外开放，是世界上最大、创建最早的博物馆之一。该馆的核心建筑占地约56000平方米，主要的附属建筑占地约30000平方米。

大英博物馆的文物收藏可谓广博，誉其为“世界博物馆”也并不为过。自从建立以来，来自埃及、希腊、罗马、东方、西亚、英国等价值连城的稀世珍宝不断被搜罗其中，其数量已达到600万件以上，内容包含版画、素描、徽章、钱币、手稿、浮雕、印刷书籍、青铜器等文物及各类艺术品，然而目前该馆所展出的文物仍然不到它所拥有文物的五分之一。目前大英博物馆依照馆藏来源设有8个藏品部门：古代埃及部、古代西亚部、希腊和罗马部、中世纪和近代部、东方部、史前和罗马不列颠部、硬币和纪念币部、版画和素描部。现今这八个藏品部门分布于该馆的地下层、一层和二层。

古埃及的艺术品是大英博物馆中最负盛名的收藏，馆中的古埃及文物尤以法老、贵族、农夫等古代埃及雕像以及木乃伊等收藏最为丰富。古埃及文物的展区位于该馆的一楼入口左侧，旁临大阅览室的展览厅内，以及位于二楼由希腊罗马部或西亚部走到尽头的正面。据不完全统计，大英博物馆中收藏的古埃及文物达7万件以上，从大型的人兽石雕、庙宇建筑和碑文壁画，到大量的木乃伊和金玉器皿首饰，大英博物馆的古埃及藏品可谓巨细靡遗，其数量之多和形式之美，除了埃及博物馆外，再无能出其右者。

徜徉在这片古物的海洋里，我们会产生一种无所适从之感。如果我们真想找到浏览埃及古物的起点，那么“罗塞达石碑”应该是最佳之选。“罗塞达石碑”的名字来源于它的发现地——埃及尼罗河的罗塞达河口，1799年法国人最先将它发现，后来辗转到英国，最后落户于大英博物馆，现今这块石碑被安放于博物馆一楼埃及陈列馆入口的左侧。虽然这块石碑的年代不够久远，但是作为解读古埃及语言和文字、研究古埃及历史的“金钥匙”，它一直被英国人看作是第一号珍宝，堪称大英博物馆的镇馆之宝，因此游览大英博物馆万万不可错过这块世界上独一无二的石碑。

在大英博物馆一楼的埃及厅中央，离“罗塞达石碑”不远的地方，矗立着拉美西斯二世巨大的胸像，它是继“罗塞达石碑”之后，该博物馆的埃及部门里最具魅力的展示品。这座巨像19世纪发现于埃及的底比斯，后被大英博物馆收藏。除了“罗塞达石碑”和拉美西斯二世的胸像之外，一楼还陈列有阿蒙霍特普三世坐像、法老石棺、石灰石或角砾岩的神像等为数众多的雕塑作品。此外，我们在大英博物馆中还可以看到，从卡尔纳克神庙墙壁上整块剥离下来的巨大的铭文石刻，即埃及学界通常所说的《卡尔纳克王表》。此段巨型铭文用象形文字记载了古埃及历代法老的名字，具有一定的史料价值。

大英博物馆的二楼是按照时代和地域安排的展览区。这里设有专门展出古埃及木乃伊的展示室，展出木乃伊、木乃伊箱子及面罩、木棺等。目前馆中展出的十几具木乃伊仅仅是馆藏的一部分。这里甚至还有比马王堆女尸还早上千年的古尸，在这些木乃伊当中保存最为完好的要属古埃及第二十二王朝底比斯一位公主的遗体。

除此之外，博物馆二楼的墓室壁画与《死者书》展示室则是另一个不可不看的重点，那里珍藏着大英博物馆另外一件最为著名的收藏品——长达 24 米的附有绮丽彩图的《阿尼的纸草》。此纸草文书属于古埃及第十九王朝，是纸草文书中的精品之作，19 世纪末发现于卢克索西岸一个叫阿尼的贵族的墓葬中。其内容分为两个部分，第一部分是写给古埃及拉神、奥西里斯神的赞美诗和对死后审判大殿的描述，第二部分包括了《死者书》舍班版的很多章节。除了这件《阿尼的纸草》，大英博物馆里还藏有许多著名的纸草文书，比如世界上最长的纸草《哈里斯大纸草》、古埃及最早的完整的数学教科书《莱茵德纸草》，第二十王朝女祭司安赫的《死者书》、记载有“两兄弟故事”的《欧尔比尼纸草》、附有插图的《讽刺画纸草》等。墓室壁画中也有不少精品之作，比如《牛群》《盛宴》《有鱼池的庭院》《狩猎图》等。

罗浮宫博物馆（Musée National du Louvre）

罗浮宫坐落于法国巴黎的塞纳河畔中段，作为世界上最大的艺术博物馆，它堪称是巴黎乃至整个法国的历史文化象征。罗浮宫的主体建筑始建于 13 世纪，一直作为法国国王的宫殿。1779 年以后，以历代法国王室和权贵的收藏为基础，在这里开始筹备建馆。1793 年，罗浮宫博物馆由法兰西共和国政府建立。

罗浮宫的宫殿有四层，即地下夹层和地上三层。由于其整体建筑群呈“U”形分布，所以依照建筑的形制，该博物馆将展区分为三个部分——南面的德侬馆、北面的黎塞留馆、东面的叙利馆。目前罗浮宫的藏品总量可达 40 万件左右，它包括了古代埃及、古代东方各国、古希腊、古罗马以及欧洲中世纪和文艺复兴时期的文化艺术作品，同时还包括了此后法国、意大利、西班牙、荷兰和英国的绘画杰作。目前该馆分为七个部分："埃及艺术部""古希腊、埃特鲁里亚——罗马艺术部""古代东方和伊斯兰艺术部""绘画部""雕刻部""工艺美术部""印刷品和素描部"，它们每一个都可以成为独立、丰富的博物馆，因此我们称罗浮宫为"举世闻名的艺术博物馆"是绝不为过的。

罗浮宫的埃及艺术部成立于1826年，共有26个展厅，其藏品数量达到35000件之多，不过目前仅展出7500件左右，许多有价值的古物被存放于秘密展室中，仅供专业学者参观研究。我们可以参观到的埃及文物展览厅位于罗浮宫东侧的叙利馆，这些珍贵的古代遗物按照种类分两条路线进行陈列：主题类位于叙利馆的一层，艺术历史类置于叙利馆的二层。罗浮宫博物馆里的古埃及藏品以大小石像与铜像、重建的墓室、壁画、木乃伊等为主，其收藏的部分精品如下。

《塔尼斯的狮身人面像》出土于塔尼斯，用赤花岗岩雕刻而成。古埃及的狮身人面像多修建于中王国的塞索斯特里斯三世和阿美涅姆赫特三世时期，但是《塔尼斯的狮身人面像》是古王国时期的作品，其时代要比哈夫拉的狮身人面像还要早700年。

《书吏像》出土于开罗南方萨卡拉，大约是属于埃及第五王朝时期的作品。高53厘米，质地为石灰岩，其眼睛由雪花石膏填充，而瞳仁部分则由水晶石所镶，因此看上去炯炯有神，甚至有咄咄逼人的感觉。

《持莲花的少女》高127厘米，以阴刻手法雕刻而成，肌肉部分以圆弧形的浮凸技巧表现，可看出当时技巧的纯熟。

《宴会的准备》出土于墓室中的浮雕，高35厘米，表现出当时古埃及人的生活场景，其中女性胸部以正面表现，男性胸部以侧面表现，有学者认为这明显表现出当时男尊女卑的社会状况。

《图特摩斯三世年表》为残片，巨大无比，取自卡尔纳克神庙的一段刻满铭文的墙面，属于古埃及新王国第十八王朝时期，现被固定在罗浮宫通向二楼埃及厅的楼梯左面的墙上。

《伊西丝的胴体》为闪绿岩圆雕，高55厘米，是托勒密埃及时代的作品。此雕像是女神伊西丝雕像的残段，缺少头部。但从人物的姿势等特点来看，完全符合埃及自古以来形成的雕塑传统。但如果从胸前绳结的系法等细节来看，显然雕塑已经受到希腊艺术的影响。

罗浮宫博物馆中的古埃及文物多数是拿破仑统治时期的“战利品”，虽然在拿破仑失势后一些珍贵文物返回了故土，但法国人仍通过外交手段或其他方法将绝大部分珍品留在了罗浮宫内。

纽约大都会博物馆（Metropolitan Museum of Art in New York）

纽约大都会博物馆的全称是纽约大都会艺术博物馆，这座博物馆规模之大和馆藏之丰，可与伦敦的大英博物馆和巴黎的罗浮宫博物馆相媲美，因此这三者并称为世界三大博物馆。大都会博物馆坐落于纽约中央公园之侧，1870 年开始筹备建馆，1880 年正式成立，1902 年又添置新馆。目前此馆的占地面积 8.5 公顷，建筑面积达 186000 平方米，年接待参观者最高纪录达 520 万人次。

大都会博物馆堪称艺术馆中的百科全书，馆内的收藏涵盖了史前时代到现代约 5000 年的历史，内容包罗万象，藏品高达 300 万件以上。如果从大都会博物馆的陈设布局和内容上划分，此馆拥有 248 个陈列室、展览厅、画廊，而参观大都会博物馆绝对不能遗漏的便是展示埃及历史的埃及艺术部。

目前大都会博物馆中收藏的埃及艺术品可达 5 万件以上，其中一些比较珍贵的文物按照古埃及王朝次序在永久陈列区中陈列，而其余的藏品均展出于教学陈列区内。古埃及永久陈列区位于博物馆的一楼，主要陈列埃及各个时期的陶器、壁画、雕刻和珠宝，这些藏品的年代最早可上溯到公元前 3100 年，最晚可延续到拜占庭时期（约 8 世纪）。不过在众多的艺术品当中，最引人注目的当属距今 2000 多年的埃及丹都尔神庙（The Temple of Dendur）。这座神庙建于公元前 15 年罗马皇帝奥古斯都统治时期，用来祭祀埃及的伊西丝女神。庙址处于埃及尼罗河河谷之中，随着尼罗河河水的涨落，时隐时现，好似神灵游走于水府和人间，神秘而传奇。丹都尔神庙虽然经过了 2000 多年河水的浸泡和冲刷，但神庙中的神像、雕刻和绘画都保存非常完好。1965 年，埃及正在修建阿斯旺水坝，急需搬运大量文物，而又缺少人力、财力。美国帮助它迁建了几处大神庙古迹，作为报答埃及政府将丹都尔神庙赠予美国。美国将其拆卸运回，1968 年按旧貌复原重建展出。

丹都尔神庙的展出地点位于博物馆一楼的“沙科勒厅”。神庙由一座内殿、一座塔门和一个码头构成，占地超过4000多平方米，博物馆用了两层楼的空间来容纳这座巨大的建筑，它是大都会博物馆中最恢宏的展品，同时也是世界上在埃及之外唯一的一座完整的埃及古神庙。为了重现神庙的建筑环境，美术师特别做了精心的设计。进入沙克勒厅，迎面就是一方宽阔的水池，而水池的对面邻近户外的一面墙全部用玻璃进行封闭，由于灯光和玻璃窗投射的阳光的照射，水波粼粼，仿佛尼罗河水在荡漾。水池那边是一片开阔的黄土地，全部用石料建造的丹都尔神庙就耸立于黄土地之上。这样别具一格的设计，堪称历史之美与艺术之美结合的典范。

除了丹都尔神庙，在大都会博物馆的古埃及永久陈列区内，还有许多珍品不胜枚举，比如纯金制成的太阳神金像、头戴巍峨白冠蓄着长胡须的孟图霍特普二世的彩绘浮雕、古埃及图腾纹饰陶罐、银质半人半牛尊、木制彩绘女祭司棺柩等，另外我们还可以看到一个接一个摆放整齐的木乃伊棺椁。这些按年代排列的彩绘木棺，仿佛串联起了古埃及漫长而神秘的历史。在博物馆埃及区的墙壁上还设有墙板，其上展开着用象形文字书写而成的纸草卷，并且有的纸草卷上还绘有精美的图画，表现古埃及人宗教礼仪、日常生活的情况。

大都会博物馆的古埃及教学陈列区是纽约各类学校直观、形象学习古埃及历史、文化、艺术的最佳课堂，为了使观众收集、记录资料方便，埃及艺术部和该馆的其他任何部门一样允许观众临摹绘画和无强光拍摄。

波士顿美术博物馆（Museum of Fine Arts in Boston）

在美国，波士顿是一座历史文化名城，早在17世纪欧洲的移民便定居于波士顿地区。美国的美术也发源于这里，因此波士顿很早便与艺术结下不解之缘。1876年在文化界和收藏家的积极响应下，波士顿美术博物馆于独立日当天正式成立并对市民开放。

波士顿美术博物馆位于亨廷顿大街465号，其规模直逼巴黎的罗浮宫博物馆。目前，它的艺术收藏品仅次于纽约的大都会博物馆，是美国第二大美术馆。波士顿美术博物馆的机构设置大致可分为：亚洲艺术、古典艺术、埃及艺术、欧洲装饰艺术和雕像，绘画艺术、印刷、素描和照片、纺织、20世纪艺术等九个部门。其中亚洲艺术品的收藏量首屈一指，不过该馆的埃及艺术部同样值得骄傲。

波士顿美术博物馆中的埃及展览区位于一楼的一个展厅和二楼的一个长廊。这里的埃及艺术品收藏带有浓厚的学术性，它不是出自对其艺术的认识，而是出于对古代文明的探讨而引发的艺术收藏。虽然波士顿博物馆收藏的埃及文物数量不是最多的，但在所有设立埃及展览的博物馆中，它却占有比较重要的地位。这主要是因为据说该馆是继埃及博物馆之后，收藏古埃及法老时代文物最多的地方，其中也不乏大量的精品之作，比如属于古王国第四王朝时期的安克哈夫（Ankhhaf）王子的胸像。该胸像为彩色的石灰岩，高 50.6 厘米，作品以人物皮肤与肌肉包裹下的骨骼的暗示及眼睛、嘴巴等微妙的雕刻手法给人以个性化生命体的印象，因此一般被认为是古王国时期的雕刻杰作之一。

说起波士顿美术馆埃及艺术部的藏品，自然无法回避美国人在埃及的考古工作，因为该馆古埃及藏品的核心部分均是来源于考古活动。早在 1833 年，一个名叫约翰·罗威尔的波士顿学者就来到尼罗河中游的卢克索，花巨款买下了一批古埃及雕刻。这些雕刻就是最早流入美国的不朽之作，后来全部都捐给了波士顿美术馆，成为该馆埃及艺术收藏的核心。正是在这批雕刻的刺激下，成立不久的美术博物馆就专门拨款赞助伦敦埃及探险协会的活动。作为回报，该协会也捐给美术馆三座第十二王朝的纪念碑及纸草柱、棕榈柱和哈瑟柱头，这些藏品使该馆的埃及艺术收藏初具雏形。

波士顿美术馆的埃及艺术部门正式成立于 1902 年，更大规模的收藏活动始于该部门成立之后。1905 年，成立了由埃及艺术部主任乔治·莱斯诺博士领导的，哈佛大学与波士顿美术馆联合组成的埃及探险队，这一探险活动延续了 40 余年，从基泽金字塔开始，足迹几乎遍及整个埃及，直至苏丹。探险为美术馆收集到的艺术品与文物包括了古代埃及的各个历史阶段，从前王国时期到罗马统治时期。美术史上著名的《孟考拉法老与王后雕像》就是莱斯诺在基泽探险的最重要的收获之一，一般认为该雕像是流落在埃及境外最精美的雕塑作品。1913 年莱斯诺到苏丹进行大规模的探险旅行，经过九年的努力，把不为世人所知的库什文明公诸于世。这个联合探险队在尼罗河第五、第六瀑布间的西岸城市麦罗埃（Meroe）进行了考古挖掘，所得到的精美收藏包括公元前 6 世纪阿斯佩达王的巨像，令世人瞩目。整个探险考古活动直到第二次世界大战结束时才告收场，而对考古发掘获得的文物珍品与资料所进行的整理、研究和出版工作至今仍未结束。

布鲁克林博物馆（Brooklyn Museum）

布鲁克林博物馆位于纽约布鲁克林东公园大道200号，始建于19世纪末，占地约52026平方米，是纽约地区第二大艺术博物馆，在美国国内它也是屈指可数的大型博物馆之一。布鲁克林博物馆拥有众多闻名世界的珍贵藏品，其数量超过一百万件，其中既有古埃及的文物，也有当代的艺术品。

布鲁克林博物馆从1993年开始，用了近10年的时间将馆内大量的古埃及文物重新安放。为了配合这次重置安排，该馆新建了三个古埃及文物展示厅，这样结合已有的四个展厅，布鲁克林博物馆就拥有了七个有关古埃及的展览场所。目前该馆收藏的古埃及艺术品时间跨度很大，最早的可追溯到公元前3500年左右的前王朝时期，较晚的文物则属于公元前30年—公元395年罗马帝国统治时期。在布鲁克林博物馆当中，有些古埃及文物是以专题展出的形式与参观者见面的，这些专题涉及的内容范围涵盖妇女的作用、埃及艺术的永恒与变化、神庙和墓葬、工艺与工具、技艺与交流、古埃及与西非邻邦关系等多个方面。目前该馆展出的古埃及文物大概有1200件，其种类从雕像、浮雕、绘画到陶器和纸草等应有尽有。

在布鲁克林博物馆的七个埃及展厅中有一个展厅被设计成序言厅，这里是参观者欣赏该馆古埃及文物的第一站。该厅采用的是五彩缤纷的、巨大的柱廊式设计，其天花板以模仿绘制的古埃及天象图为装饰。在这个巨大的厅堂中，展出有各种各样的雕像和绘画，其年代从古王国早期一直延续到罗马统治时期。环绕柱廊周围的展柜中的展品和文献嵌板从多个方面展现了古埃及的文化，其主题包括古埃及与其他非洲人的关系、早期环境、宗教信仰、语言文字、技术与材料等。

在序言厅的右侧安放着布鲁克林博物馆中著名的古埃及“鸟神”雕像（大约属于公元前3500年），这个鸟首、以舞蹈姿势出现的女性雕像引导着参观者依次进入古埃及前王朝和早王朝时期文物展厅、古王国和中王国时期文物展厅。这两个展厅中前者较小，主要收藏前王朝和早王朝时期的陶器和石器，其中一把祭祀用刀由于显示出古埃及文明形成初期的高超技艺而受到瞩目。这两个展厅中后者较大，主要收藏古王国和中王国时期法老和贵族人物雕像、浮雕、丧葬用品和以动物为题材的雕刻作品。此厅中一些花瓶和器物的形制表现出受到米诺斯文化和古代近东文化影响的痕迹，或者也许它们就是来自于以上两个地区。在此厅展览的最后，我们从雕塑和浮雕的形式上可以明显感受到新王国第十八王朝时期的艺术特色，而如果要欣赏新王国时期的古埃及文物则要转到相反的方向。

毗邻序言厅左侧的第一个展厅规模较小，其展出内容是古埃及第十八王朝法老埃赫那吞统治时期的文物。从阿玛尔纳城市遗址的神庙中出土的浮雕上，我们可明显察觉到此时期活跃的自然主义艺术气息。与此厅相邻的是一个较大的展厅，这里主要展出新王国晚期的古埃及艺术品，比如从图坦卡蒙法老墓中出土的浮雕、拉美西斯二世的雕像等。此外，该展厅中还收藏着后王朝以及托勒密王朝时期的艺术品。这一时期的艺术品既表现出了复古主义的倾向，同时也表现出了古埃及文化与希腊文化相融合的迹象。

布鲁克林博物馆最后两个展厅位于该馆的最西侧，其展示主题是“神庙、坟墓和埃及人的世界”。古埃及的许多艺术品都是服务于它的宗教观念的，所以布鲁克林博物馆特别设立这个专题展览，以揭示古埃及人对神、神王、生死以及世界的看法。这两个展厅的展品与其他五个展厅多有不同，除了一些文物之外，还有大量的图片、模型，从而更加直观和细致地使参观者接触到古埃及久远和灿烂的文明。

都灵博物馆（Turin Museum）

都灵位于意大利西部，历史悠久。从11世纪起，都灵的历史开始与萨伏依家族紧密联系在一起。16世纪开始，都灵成为萨伏依公国的都城。18世纪，萨伏依家族进位王爵，都灵便升格为撒丁王国的首都。现在都灵主要市区仍保持着18世纪的王都风貌，存留着不少值得人们参观的风景名胜。在众多的景点中，位于罗马大街的科学宫是游览过程中不可遗漏的去处。

科学宫本是一座耶稣会学院，现在辟为埃及博物馆，而当史学界提到这里的埃及古物时，通常称其为都灵博物馆。都灵博物馆的规模虽然不大，但是却享誉世界，收藏着为数众多的古埃及文物，包括雕塑、木乃伊、武器、乐器、纸草纸和其他古埃及遗物。

早在17世纪上半叶，萨伏伊王朝的卡尔洛·艾马努埃莱一世就出于好奇开始收藏古埃及文物，其后萨伏伊王朝的各位君主对于法老和木乃伊越来越感兴趣，1818年法籍意大利人德洛维蒂又卖给了萨伏伊王朝君主查理·费里克斯一大批古埃及文物。德洛维蒂曾参加过拿破仑1798年远征埃及的军事活动，之后任法国驻埃及领事。此人借职务之便和与埃及统治者的个人关系，在埃及土地上大肆掠夺古物。1818年，他将自己的第一批收藏以40万里拉的价格卖给查理·费里克斯国王，其中包括阿蒙霍特普一世、图特摩斯一世、图特摩斯三世、拉美西斯二世、阿蒙霍特普二世等埃及法老完整无缺的雕像，另外还有一座阿蒙霍特普三世的斯芬克斯像。正是在这批古物的基础上，都灵于1824年建立了世界上第一座埃及博物馆。建馆之初，该馆就收藏了一千多件古埃及器物、碑刻和雕像，成为欧洲一家藏有上好古埃及文物的博物馆。

都灵博物馆成立后，两支重要的意大利考古队远赴埃及，极大丰富了收藏。20世纪60年代，埃及修建阿斯旺水坝时，意大利考古学家也前往埃及，鼎力协助埃方抢救濒于灭顶的古埃及文物。而作为报偿，部分古埃及文物被埃及政府赠予了意大利，其中就有一座名叫埃利西贾（Ellessija）的神庙。

都灵博物馆里最为珍贵的古埃及文物，当属享誉埃及学界的《都灵王表》。该王表原文写在一张纸草上，由于藏于都灵博物馆而得名。该王表记载了埃及有史以来至约公元前1200年中300多名法老的名字、在位大事记以及在位时间，甚至精确到日，并包括了喜克索斯人的国王和前王朝的神灵统治时期，因此它的史料价值极为重要。在众多的藏品中，从一座夫妻合葬墓中出土的随葬品也比较引人注目，墓的主人是克哈和梅利（Khaie Merie）夫妻二人，墓的年代大约属于古埃及第十八王朝。此墓虽历经数千年，但未受到过盗墓者的破坏，加之墓中的随葬品丰富且保存完好，因此可为世人提供至今最完备的关于古埃及文化的知识。

德国柏林博物馆（Berlin Museum）

德国首都柏林不仅是一座历史悠久的古城，而且是一座有着浓厚艺术氛围的文化之都，向来有“艺术爱好者天堂”的称誉，仅博物馆就多达170座。收藏的艺术品无论在范围上还是在质量上都可与伦敦、巴黎和纽约等地的藏品一比高下。在柏林鳞次栉比的博物馆当中，有一座埃及博物馆格外引人注目，这座博物馆就是埃及学界通常所说的柏林博物馆。

柏林博物馆坐落于柏林市宫殿街70号，位于夏洛特城堡的对面。事实上，这座博物馆的规模很小，但之所以能蜚声于世界，就是因为这里收藏了著名的涅菲尔提提胸像。涅菲尔提提是古埃及第十八王朝法老埃赫那吞的王后。她为世人所知不仅源于她丈夫所进行的那场轰轰烈烈的宗教改革，还得益于她的这座精美绝伦的胸像。法老埃赫那吞统治时期，曾在阿玛尔纳建立新都。由于改革的失败，这座都城被废弃最终被掩埋于沙漠之中。考古学家发现这座都城遗址后开始挖掘，并在当时最著名的雕刻家图特摩斯的工作室中发现了涅菲尔提提胸像。此胸像质地为石灰石，高约50厘米，在雕刻手法上一反埃及古王国时期已形成的传统的僵硬模式，突出展现了阿玛尔纳艺术的自然主义风格。这座胸像以细致的手法刻画了王后绝美的容貌和高贵的气质，其优美细长的项颈被胸饰所装点，显得更加美丽典雅。整座胸像透出一股异乎寻常而又难以言喻的艺术感染力，不愧为世界雕刻艺术史上的杰作。现今，这座胸像被认为是阿玛尔纳艺术的最佳作品。正是由于涅菲尔提提胸像在艺术史上的特殊地位，使柏林这座规模不大的埃及博物馆驰名世界。

除了涅菲尔提提胸像，柏林博物馆中的纸草文献也是闻名遐迩，著名的《梅腾自传》现今也存放于柏林博物馆当中，此传记对于研究埃及古王国时期的国家机构、经济和社会的某些特点具有重要的史学价值。诸如《梅腾自传》这样对于研究埃及学有着重要价值的史料，在柏林博物馆中并不少见，比如第3050号纸草纸保存了埃及创世神话中关于拉神的传说；第9784号纸草文献则反映出了新王国时期古埃及社会使用奴隶的情况等。

除了以上我们提到的珍贵文物外，柏林博物馆还收藏了许多古埃及精美的艺术品，其中包括建于约公元前20年的《卡拉布沙神殿大门》、坦提王子和妻子的牵手雕像、木乃伊的棺樽、书记和祭祀肖像、首饰和佩饰等。不过遗憾的是，在柏林的埃及博物馆中收藏的只是埃及艺术品中的某些种类，如果想欣赏到更多的埃及艺术品，必须要到柏林博物馆岛上的新博物馆（Neue Museum）才行。柏林有条施普雷河，在该河的两条河道汇合处，建有四座规模不等的博物馆，即老博物馆、新博物馆、佩加蒙博物馆和波德博物馆，因此德国人称这里为博物馆岛。新博物馆的馆藏核心就是古埃及文物，其收藏的埃及艺术品以绘画、雕像和工艺品为主，特别是上万件古埃及造纸发明——纸莎草纸珍品尤为可贵。目前德国以博物馆岛为核心，联合包括柏林的埃及博物馆在内的众多机构，成立了柏林国立博物院，同时计划重新修整新博物馆，将柏林埃及博物馆的藏品移至于此，成立新的埃及博物馆。相信在不远的将来，我们再欣赏存放于柏林的古埃及文物时，也许要到博物馆岛了。

荷兰莱登博物馆（Leiden Museum）

莱登是荷兰的历史文化名城，这里有荷兰最古老的大学——莱登大学。事实上莱登市就是一座依托名校建立起来的大学城，因此学生多、书店多、博物馆多成为这个小城的显著特点。

在众多的博物馆当中，有一座国立古代博物馆，而埃及学界则称其为莱登博物馆。这座博物馆位于莱登市的运河畔，与圣彼得教堂临近，与莱登大学本部隔岸相望，因此这里有着一股沉稳安静的文化气氛。一进该博物馆的大门，迎面一座古代埃及的神殿跳入眼帘，令人有种时光倒流的感觉。这座神殿是埃及政府赠送给莱登博物馆的塔菲神殿。在该馆的二楼陈列着古埃及和古罗马的雕像、陶器和玻璃器皿。三楼陈列着荷兰考古发掘的文物。在莱登博物馆的古埃及文物中，有一件纸莎草文献一直受到瞩目，那就是记载有《伊浦味陈辞》的第344号纸草。《伊浦味陈辞》被国内的埃及学学者认为是发生在中王国末期埃及社会激变的基本证据。即使在西方埃及学界对其存在不同的断代看法。莱登博物馆中另一件极为重要的藏品为《莱登纸草》（国内埃及学专著也称其为《莱丁纸草》）。这份纸草因为藏于莱登博物馆而得名。它的重要价值在于，形象地记载了中王国末期税吏逼迫农民交税的情景，从而反映了当时社会矛盾的激化。

莫斯科美术博物馆（Museum of Fine Arts in Moscow）

该博物馆位于莫斯科的沃尔宏卡大街，19 世纪末开始筹建，1912 年才对公众开放，最初的馆名叫“莫斯科美术博物馆”。起初该馆只是展出公元前 4000 年到文艺复兴时期世界雕塑作品的石膏复制品。后来许多绘画原作与一些私人收藏进入展厅，1932 年，原称的“美术博物馆”更名为“造型艺术博物馆”。1937 年，为了纪念普希金这位俄国历史上的文学巨匠逝世一百周年，博物馆最终定名为“普希金造型艺术博物馆”。然而目前，国内埃及学界提到该博物馆时，多数仍沿袭其最早的名称“莫斯科美术博物馆”。

莫斯科美术博物馆拥有藏品共 54.3 万件，以雕塑藏品为收藏的主体，一楼多为真品，二楼多为复制品。馆内所有的艺术品分属于三个主要部门：古代世界部、绘画陈列部、素描与版画部。古代世界部包括古代埃及和两河流域的雕塑、墓室壁画、浮雕及骨器、玻璃等装饰和实用工艺品，还有古代书法及印版等珍贵文物，这些藏品均为真品。

莫斯科美术博物馆的古埃及藏品主要来源于俄罗斯埃及学学者、考古学家戈列尼雪夫的捐赠。在美术馆建立初期，戈列尼雪夫将自己花了 30 多年时间积聚起来的几千件埃及文物珍品从圣彼得堡运到莫斯科，其中包括石棺、木乃伊、浮雕、纸莎草纸写成的文献、大量的祭祀用品及纺织品等。在众多的古埃及艺术品中有为数不少的“法尤姆肖像”，肖像是在法尤姆绿洲中许多贵族墓地里被发现的。这些是公元前 2 世纪时用蜡和颜料在木棺上画下的最早的写生肖像，其数量之多和质量之高，为欧洲许多大博物馆所不及。另外，在莫斯科美术博物馆中，还有一件纸草藏品也经常被人提及，这就是所谓的《莫斯科数学纸草卷》，它的名称即来源于莫斯科美术博物馆。这件纸草大约完成于公元前 1700 年，保存了古埃及人关于截头三角锥体和半球体积的问题和解答。它所反映出的是几千年前古埃及人在数学方面较高的知识水平。

列宁格勒国立博物馆（National Museum in Lenigrad）

这里所说的列宁格勒国立博物馆是苏联时期的叫法，现今叫国立艾尔米塔什博物馆，但目前国内的埃及学专著提到该博物馆时，多数沿用了苏联时期的叫法。该博物馆与英国的大英博物馆、法国的罗浮宫博物馆和美国的纽约大都会艺术博物馆并称为世界四大博物馆。

该馆位于圣彼得堡（苏联时期称列宁格勒，该馆因此得名）的涅瓦河畔，目前由五座大型建筑群构成，即冬宫、艾尔米塔什、旧艾尔米塔什、艾尔米塔什大剧院和新艾尔米塔什。“艾尔米塔什”是法语，意思是“隐宫”。18 世纪下半叶，沙皇俄国的叶卡捷琳娜二世把冬宫的一部分房子拨出，专门用来收藏艺术珍品，并把收藏这些东西的地方称为“艾尔米塔什”。今天这个名称已经名不副实，但是因为约定俗成，所以沿袭下来。

该博物馆内部机构的设置十分完善，共分八个部分：原始文化部、古希腊和古罗马部、东方民族文化部、俄罗斯文化史部、古钱币部、西欧艺术部、科学教育部和作品修复部。该馆的藏品异常丰富，目前大约有各种艺术珍品 270 余万件，包括史前文化和埃及艺术收藏品以及大量意大利、西班牙、德国、英国、俄国、比利时、荷兰和法国的油画及雕刻。所有这些艺术品分别陈列在 350 个展厅当中。

该博物馆的东方民族文化部事实上还可以再细分为两个部分，一部分为远东各国艺术馆，主要收藏中国、蒙古、泰国等远东国家的文物和艺术品。另一部分为东方艺术馆，主要收藏公元前 4000 年以来，古代埃及、古巴比伦、亚述、土耳其等国的文物。

东方艺术馆中的展品大约有 16 万件，其中有几千件古埃及的文物，在众多的古埃及收藏品当中，有两件最为引人注目，一件是记载有《聂非尔列胡预言》的第 1116B 号纸草，一件是记载有赫梯与埃及条约的泥板文书。虽然《聂菲尔列胡预言》所反映的时代问题至今仍无定论，但不可否认的是，这篇文献是研究古埃及动乱年代社会状况的重要史料，因此其在埃及学史上具有重要地位。公元前 1283 年赫梯与埃及订立的条约是现今保留下来的最早的和平条约。虽然保存在列宁格勒博物馆中的条约片断是赫梯版的泥板抄本（这些片断发现于赫梯古都的国王档案库中），但其内容却展现了埃及新王国后期的国力以及其周边地区的情况，它对于研究古埃及新王国时期的历史有着重要作用。除了以上两件珍贵的文物外，列宁格勒博物馆中的古埃及藏品还包括石棺、木乃伊、浮雕、纸莎草纸文献、祭祀用品和科普特人的纺织品等。

埃及太阳船博物馆

太阳船博物馆位于埃及吉萨胡夫金字塔的南侧，由于馆内专门展出胡夫法老的太阳船因而得名。该博物馆与其他埃及学博物馆的不同之处在于，它是建于考古原址之上的并以一个主题文物为核心进行展示的博物馆。

关于太阳船的作用，埃及学界一种比较通行的说法认为，太阳船是专门制造出来供亡故的法老升天后追随太阳神飞跃天空时乘坐的船。20 世纪 50 年代，在胡夫金字塔的南侧，发现了放有完整的太阳船零部件的坑穴，经考古学家鉴定这是属于胡夫法老的太阳船。为了更好地保存这艘历史悠久的古船，埃及政府耗资百万埃磅，请意大利人在考古原址上设计建造了这座精巧的专用博物馆。1982 年该馆落成并对公众开放。

该博物馆外形酷似一条石舫，紧挨着胡夫金字塔的南壁。在建造该馆时，设计者也充分考虑到古物对存放环境的要求，采用了防腐、防污染的现代化材料，并在馆内装置电子计算机，控制恒温 23 摄氏度、恒湿 60%。参观者在进入该馆参观时，也要穿上特制的套鞋。

太阳船博物馆共有三层。第一层为发现太阳船零部件的坑穴原址。石坑全长 31 米，宽 2.6 米，深 3.5 米，发现时坑上覆盖着封闭严密的 41 块磨光石灰岩石板，代表着胡夫法老时期埃及全国的 41 个州。每块石板长 4.5 米，宽 0.8 米，厚 1.8 米，平均重量约 18 吨。当时，太阳船被拆成 650 个部件，1224 块木头，按照船的部位依次置于坑内。博物馆的二层收藏着发掘时的图片、资料，还有太阳船的模型和船上的碎席片、棕绳等实物。

博物馆的三层是最吸引人的地方，那里展出的是复原后的太阳船。太阳船为木制，由 5 千克棕绳将全部木板上的约 4000 个洞眼穿扎而成，依靠遇水木头膨胀、棕绳收缩的原理堵塞缝隙，全船没有使用一个铁钉。该船采用的木料，多数是黎巴嫩杉木。此种杉木，木质坚韧，抗腐蚀力强，是上等的造船材料，因此历经数千年船体仍能保存完好。复原后的太阳船用钢架托起，全船成流线型，船长 43.4 米，最宽处为 5.9 米，船头高 6 米，船尾高 7.5 米。靠近船尾有两间船舱，长 9 米，宽 4 米。船头有一个遮荫凉棚，为船长指挥室。船的中央两侧各配 5 支桨，每桨长 8.5 米，船尾另有两桨为舵。为了方便参观者了解木船的构造，该馆围绕着太阳船建有盘旋式参观道，观众可以很清楚地观看船的上下左右各个部位。

太阳船博物馆里展出的这艘古船与胡夫金字塔同龄，大约有 4600 年的历史。它的出土被认为是 20 世纪中叶埃及考古界最伟大的发现之一。它是迄今为止发掘出的最完整、最壮观的古老船只。这对于研究古埃及的造船、航行、当时的社会经济生活均有重要的价值。由此，太阳船博物馆蜚声于世界。

参考文献

中文类：

[1]［埃］阿·费克里：《埃及古代史》，高望之等译，科学出版社 1956 年版。

[2]［苏联］阿布基耶夫：《古代东方史》，王以铸译，生活·读书·新知三联书店 1956 年版。

[3]［英］爱德华·缪勒：《原始文化》，连树声译，广西师范大学出版社 2005 年版。

[4] 北京师范大学历史系世界古代史教研室编：《世界古代及中古史资料选集》，北京师范大学出版社 1999 年版。

[5]［英］巴里·克姆普：《解剖古埃及》，穆朝娜译，浙江人民出版社 2000 年版。

[6]［日］池田大作、［英］B. 威尔逊、梁鸿飞：《社会与宗教》，王健译，四川人民出版社 1991 年版。

[7]［美］戴尔·布朗主编：《埃及：法老的领地》，池俊常译，华夏出版社 2002 年版。

[8]［美］戴维·利明、埃德温·贝尔德：《神话学》，李培茱、何其敏、金泽译，上海人民出版社 1990 年版。

[9] 冯契主编：《哲学大辞（修订本）》，上海辞书出版社 2001 年版。

[10] 复旦大学历史系编：《史与诗：世界诸文明的历史书写》，复旦大学出版社 2007 年版。

[11]［英］弗雷泽·詹·乔：《金枝》，徐育新译，中国民间文艺出版社 1987 年版。

[12]［美］H. 法兰克弗特、H. A. 法兰克弗特、约翰·A. 威尔森、陶克尔德·雅克布森：《人类思想发展史——关于古代近东思辨思想

的讨论》，郭丹彤译，黑龙江人民出版社 2005 年版。
[13] 高福进：《太阳崇拜与太阳神话》，上海人民出版社 2002 年版。
[14] 郭丹彤：《论古代埃及人的创世说》，《史学理论研究》2004 年第 4 期。
[15] [德] 汉尼希、朱威烈等编著：《人类早期文明的“木乃伊”——古埃及文化求实》，淑馨出版社 1991 年版。
[16] [法] 吉耶梅特·昂德赫：《金字塔时代的埃及》，吴志杰译，山东画报出版社 2005 年版。
[17] [布基纳法索] 基-泽博主编：《非洲通史（第一卷）》，中国对外翻译出版公司 1984 年版。
[18] 金寿福：《法老——戴王冠的人间之神》，上海辞书出版社 2003 年版。
[19] 金寿福：《在希望与绝望之间——论古代埃及人来世观念的产生与发展》，《史学集刊》2005 年第 1 期。
[20] 金寿福：《古代埃及人的来世观念与王陵内外部构造的关系》，《学术研究》2005 年第 10 期。
[21] 李模：《诸神的仆人们——古代埃及祭司研究》，书海出版社 2001 年版。
[22] 李模：《游刃于宗教和世俗两个社会的神仆们——〈古代埃及文献〉中的祭司职能》，《阿拉伯世界》2001 年第 1 期。
[23] [法] 列维·布留尔：《原始思维》，丁由译，商务印书馆 1981 年版。
[24] 林志纯主编：《世界通史资料选辑（上古部分）》，商务印书馆 1962 年版。
[25] 令狐若明：《古埃及宗教的发展历程》，《世界宗教文化》2006 年第 2 期。
[26] 刘汝醴：《古代埃及艺术》，上海人民美术出版社 1985 年版。
[27] 刘文鹏：《埃及学文集》，内蒙古大学出版社 1996 年版。
[28] 刘文鹏：《古代埃及史》，商务印书馆 2002 年版。
[29] 刘文鹏：《埃及考古学》，生活·读书·新知三联书店 2008 年版。
[30] [英] 罗莎莉·戴维：《探寻古埃及文明》，李晓东译，商务印书馆 2007 年版。
[31] 吕大吉：《宗教学通论》，中国社会科学出版社 1989 年版。
[32] [苏] 马林诺夫斯基：《文化论》，费孝通等译，中国民间文艺出版

社 1987 年版。
[33] [埃] 莫赫塔尔主编:《非洲通史 (第二卷)》, 中国对外翻译出版公司 1985 年版。
[34] [埃] 穆斯塔法·埃尔 - 埃米尔:《埃及考古学》, 科学出版社 1959 年版。
[35] [英] 派特立编订:《埃及古代故事》, 倪罗译, 作家出版社 1957 年版。
[36] 蒲慕州编译:《尼罗河畔的文采——古埃及作品选》, 远流出版事业股份有限公司 1993 年版。
[37] 蒲慕州:《法老的国度——古埃及文化史》, 广西师范大学出版社 2003 年版。
[38] 日知选译:《古代埃及与古代两河流域》, 生活·读书·新知三联书店 1957 年版。
[39]《世界上古史纲》编写组:《世界上古史纲 (上册)》, 人民出版社 1979 年版。
[40] 史海波:《古代埃及玛阿特简论》,《史学集刊》2001 年第 4 期。
[41] 苏联科学院编:《世界通史 (第一卷)》, 生活·读书·新知三联书店 1959 年版。
[42] 王海利编著:《古埃及神话故事》, 吉林人民出版社 2001 年版。
[43] 吴于廑、齐世荣主编:《世界史·古代史编 (上卷)》, 高等教育出版社 1994 年版。
[44] [古希腊] 希罗多德:《历史》, 王以铸译, 商务印书馆 1997 年版。
[45] 颜海英:《守望和谐——古埃及文明探秘》, 云南人民出版社 2004 年版。
[46] 阴玺:《俄赛里斯——古埃及的冥神和丰产神》,《西北大学学报》1992 年第 3 期。
[47] 赵立行:《古埃及的智慧: 太阳神的现实王国》, 浙江人民出版社 1993 年版。
[48] 周启迪:《古代埃及史》, 北京大学出版社 1994 年版。

英文类:

[1] A. Gardiner, *The Attitude of the Ancient Egyptians to Death and the Dead*, London: Cambridge University Press, 1935.

[2] A. Gardiner, *Ancient Egyptian Onomastica* , Oxford: Oxford University Press, 1947.

[3] A. Gardiner, *Egyptian Grammar*, Oxford: Oxford University Press, 1957.

[4] A. Gardiner, *Egypt of the Pharaohs: An Introduction*, Oxford: Oxford University Press, 1966.

[5] A. J. Arkell, "The Sign 𓊹 and 𓎬", *Journal of Egyptian Archaeology*, Vol. 19, 1933.

[6] A. J. Spencer, *Death in Ancient Egypt*, London: Penguin Books, 1982.

[7] A. M. Wilson, *Egyptian Literature*, New York: The Colonial Press, 1901.

[8] A. Weidemann, *Ancient Egyptian Doctrine of the Immortality*, London: H. Grevel & CO. , 1895.

[9] A. Wiedemann, *Religion of the Ancient Egyptians*, London: H. Grevel & CO. , 1897.

[10] A. Wiedemann, *Realms of the Egyptian Dead*, London: David Nutt, 1902.

[11] Alan B. Lloyd, eds, *Gods, Priests and Men*, London and New York: Kegan Paul International, 1998.

[12] Alyward M. Blackman, "Some Notes on the Ancient Egyptian Practice of Washing the Dead", *Journal of Egyptian Archaeology*, Vol. 5, 1918.

[13] Alyward M. Blackman, "Osiris or the Sun - God? A Reply to Mr. Perry", *Journal of Egyptian Archaeology*, Vol. 11, 1925.

[14] Byron E. Shafer, eds, *Religion in Ancient Egypt: Gods, Myths, and Personal Practice*, London: Routledge, 1991.

[15] B. Gunn, "The Religion of the Poor in Ancient Egypt", *Journal of Egyptian Archaeology*, Vol. 3, 1916.

[16] Bojana Mojsov, *Osiris: Death and Afterlife of a God*, Malden and Oxford: Blackwell Publishing, 2005.

[17] Barbara Watterson, *Introducing Egyptian Hieroglyphs*, Edinburgh: Scottish Academic Press, 1981.

[18] Barbara Watterson, *The Gods of Ancient Egypt*, London: B. T. Batsford, 1984.

[19] C. J. Bleeker, "Guilt and Purification in Ancient nt Egypt", *Numen*, No. 2, 1966.

[20] Cyril Aldred, *Egypt to the end of the Old Kingdom*, London: Thames and

Hudson, 1965.

[21] Cyril Aldred, *The Egyptians*, New York: Thames and Hudson, 1987.

[22] D. Redford, eds, *Encyclopaedia of Ancient Egypt*, Vol. II, Oxford: Oxford University Press, 2001.

[23] Donald B. Redford, *Pharaonic Kinglists, Annals and Day – books: A Contribution to the Study of the Egyptian Sense of History*, Ontariao: Benben Publications, 1986.

[24] Douglas J. Brewer and Emily Teeter, *Egypt and the Egyptians*, Cambridge: Cambridge University Press, 1999.

[25] David O' Connor and David Silverman, eds, *Ancient Egyptian Kingship*, Leiden. New York. Köln: E. J. Brill, 1995.

[26] Dirk van der Plas and J. F. Borghouts, *Coffin Texts Word Index*, Utrecht: Utrecht University, 1998.

[27] E. A. W. Budge, *The Egyptian Heaven and Hell*, London: K. Paul, Trench, Trübner & Co, 1906.

[28] E. A. W. Budge, *The Egyptian Book of the Dead*, New York: Dover, 1967.

[29] E. A. W. Budge, *Osiris and the Egyptian Resurrection*, New York: Courier Dover Publications, 1973.

[30] E. A. W. Budge, *The Dweller on the Nile*, New York: Dover Publications, INC. , 1977.

[31] E. A. W. Budge, *Egyptian Religion*, Boston: Routledge & Kegan Paul, 1980.

[32] Elise J. Baumgartel, *The Cultures of Prehistoric Egypt*, Oxford: Oxford University Press, 1955.

[33] Erik Hornung, *Conceptions of God in Ancient Egypt: the One and the Many*, New York: Cornell University Press, 1971.

[34] Erik Hornung, *The Ancient Egyptian Books of the Afterlife*, New York and London: Cornell University Press, 1999.

[35] G. A. Hart, *A Dictionary of Egyptian Gods and Goddess*, London and New York: Routledge, 1986.

[36] G. A. Wainwright, "The Origin of Amun", *Journal of Egyptian Archaeology*, Vol. 49, 1963.

[37] G. Mokhta, eds, *General History of African. II: Ancient Civilization of Africa*, California: Heinemann Educational Books, 1981.

[38] H. Frankfort, *Ancient Egyptian Religion*, New York: Harper & Row Publishers, 1948.

[39] H. Frankfort, *Kingship and the Gods: A Study of Ancient Near Eastern Religion as the Integration of Society and Nature*, Chicago and London: University of Chicago Press, 1978.

[40] H. Goedicke, "The Egyptian Idea of Passing from Life to Death", *Orientalie*, Vol. 24, 1955.

[41] H. W. Fairman, "The Myth of Horus at Edfu I", *Journal of Egyptian Archaeology*, Vol. 21, 1935.

[42] Harco Willems, "Crime, Cult and Capital Punishment", *Journal of Egyptian Archaeology*, Vol. 76, 1990.

[43] I. E. S. Edwards, *The Pyramids of Egypt*, London: Penguin Books, 1961.

[44] I. E. Edwards and others, eds. *The Cambridge Ancient History* (*third edition*), Vol. I, part 1, part 2, Vol. II, part 1, part 2, Cambridge: Cambridge University Press, 1970, 1971, 1973, 1975.

[45] J. B. Pritchard, eds, *Ancient Near Eastern Texts*, Princeton: Princeton University Press, 1955.

[46] J. H. Breasted, *Ancient Records of Egypt*, London: Histories & Mysteries of Man Ltd., 1988.

[47] J. H. Breasted, *A History of the Ancient Egyptians*, New York: Charles Scribner's Sons, 1905.

[48] J. H. Breasted, *Development of Religion and Thought in Ancient Egypt*, Philadelphia: University of Pennsylvania Press, 1972.

[49] J. H. Taylor, *The Death and Afterlife in Ancient Egypt*, London: British Museum Press, 2001.

[50] J. Ki – Zerbo, *General History of Africa: Methodology and African Prehistory*, California: Heinemann Educational Books, 1981.

[51] J. Malek, *In the Shadow of the Pyramids: Egypt during the Old Kingdom*, Norman and London: University of Oklahoma Press, 1986.

[52] J. R. Harris, *The Legacy of Egypt*, Oxford: Oxford University Press, 1971.

[53] Jac. J. Janssen, "Nine Letters from the Time of Ramses II", *OMRO*,

No. 41, 1960.

[54] James P. Allen, *The Ancient Egyptian Pyramid Texts*, Leiden: Brill, 2005.

[55] Jan Assmann, *Egyptian Solar Religion in the New Kingdom*, London and New York: Kegan Paul International, 1995.

[56] Jan Assmann, *The Search for God in Ancient Egypt*, New York and London: Cornell University Press, 2001.

[57] Janet Richards, *Society and Death in Ancient Egypt: Mortuary Landscapes of the Middle Kingdom*, Cambridge: Cambridge University Press, 2005.

[58] Jean Sainte Fare Garnot, "A Hymn to Osiris in the Pyramid Texts", *Journal of Near Eastern Studies*, Vol. 8, 1949.

[59] John A. Wilson, *The Culture of Ancient Egypt*, Chicago and London: University of Chicago Press, 1951.

[60] John Baines, "Practical Religion and Piety", *The Journal of Egyptian Archaeology*, Vol. 73, 1987.

[61] K. Sethe, *Die altägyptischen Pyramidentext*, Leipzig: Hinrich, 1908.

[62] Lanny Bell, "Luxor Temple and the Cult of the Royal Ka", *Journal of Near Eastern Studies*, Vol. 44, 1985.

[63] Leonard H. Lesko, "The Field of Hetep in Egyptian Coffin Texts", *Journal of the American Research Center in Egypt*, Vol. 9, 1971 – 1972.

[64] Lynn. Meskell, *Private Life in New Kingdom Egypt*, Princeton: Princeton University Press, 2002.

[65] M. Lichtheim, "The Songs of the Harpers", *Journal of Near Eastern Studies*, Vol. 4, 1945.

[66] M. Lichtheim, *Ancient Egyptian Literature*, Vol I, Vol. II, London: University of California, 1975, 1976.

[67] M. Lichtheim, *Maat in Egyptian Autobiographies and Related Studies*, Göttingen: Vandenhoeck & Ruprecht, 1992.

[68] Margaret A. Murray, *The Osireion at Abydos*, London: Gilbert and Rivington Ltd., 1904.

[69] Margaret A. Murray, "Burial Customs and Beliefs in the Hereafter in Predynastic Egypt", *Journal of Egyptian Archaeology*, Vol. 42, 1956.

[70] N. W. Thomas, "What Is the Ka?", *Journal of Egyptian Archaeology*, Vol. 6, 1920.

[71] R. O. Faulkner, *The Ancient Egyptian Book of the Dead*, London: British Museum Publications, 1972.

[72] R. O. Faulkner, *The Ancient Egyptian Coffin Texts*, Vol. I, Vol. II, Vol. III, Oxford: Aris & Phillips Ltd., 1973, 1974, 1978.

[73] Ruth Schumann - Antelme and Stephane Rossini, *Becoming Osiris: The Ancient Egyptian Death Experience*, Rochester: Inner Traditions/Bear & Company, 1998.

[74] S. L. Kram and A. Dodson, *The Mummy in Ancient Egypt*, London: Thames and Hudson, 1998.

[75] Siegfried Morenz, *Egyptian Religion*, Ithaca and London: Cornell University Press, 1973.

[76] T. George Allen, "Some Egyptian Sun Hymns", *Journal of Near Eastern Studies*, Vol. 8, 1949.

[77] T. J. Colin Baly, "A Note on the Origin of Osiris", *The Journal of Egyptian Archaeology*, Vol. 17, 1931.

[78] Toby A. H. Wilkinson, *Early Dynastic Egypt*, London and New York: Routledge, 1999.

[79] W. B. Emery, *Archaic Egypt*, Harmondswarth: Penguin Books Ltd., 1961.

[80] W. C. Hayes, "Notes on the Government of Egypt in the Late Middle Kingdom", *Journal of Near Eastern Studies*, Vol, 12, 1953.

[81] W. G. Waddell, *Manetho: with an English Translation*, London: William Heinemann, 1940.

[82] W. K. Simpson, eds, *Religion and Philosophy in Ancient Egypt* (Yale Egyptological Studies 3), New Haven: Yale University, 1989.

[83] W. M. F. Petrie, *A History of Egypt*, Vol. I, London: C. Scribner's Sons, 1897.

[84] W. M. F. Petrie, *The Religion of Ancient Egypt*, London: Archibald Constable & CO. Ltd., 1906.

[85] Whiney M. Davis, "The Ascension - Myth in the Pyramid Texts", *Journal of Near Eastern Studies*, Vol. 36, 1977.

[86] Yvonne Harpur and Paolo J. Scremin, *Decoration in Egyptian Tombs of the Old Kingdom: Studies in Orientation and Scene Content*, New York: Routledge, 1987.

索　引

A

D

H

K

L

M

N

P

第五批《中国社会科学博士后文库》专家推荐表 1

推荐专家姓名	陈晓律	行政职务	系主任
研究专长	世界史	电话	
工作单位	南京大学	邮编	
推荐成果名称	古代埃及的王权演变与丧葬习俗		
成果作者姓名	张赫名		

（对书稿的学术创新、理论价值、现实意义、政治理论倾向及是否达到出版水平等方面做出全面评价，并指出其缺点或不足）

本成果开拓了一个新的视角，从王权演变为切入点揭示了古埃及政治经济与社会习俗之间密切关系，为我们全面解释古埃及文明的特征提供了有力的理论基础。申报人广泛涉猎，在相关著述中搜集、归纳和整理原始史料，从史料角度讲，对以后的研究有一定的助益，也反映出作者掌握和运用史料解决问题的能力。该文稿在论述过程中逻辑与史料结合运用得当，文献考证和考古资料分析相互印证补充，结构合理，思路清晰。建议在成果之中能够结合相关的宗教理论，史料的分析与解读将会更加完善。

申报人学风端正，治学严谨，熟悉古代埃及研究的最新前沿动态，搜集和研读了大量外文专业文献、特别是掌握了许多珍贵的原始材料，这些都为该书稿的完成奠定了很好的基础。文字表述也相当成熟、流畅、规范，表明申报人有较强的科研能力。诚盼申报人入选中国社会科学博士后文库。

特此推荐。

签字：陈晓律

2016 年 1 月 29 日

说明：该推荐表由具有正高职称的同行专家填写。一旦推荐书稿入选《博士后文库》，推荐专家姓名及推荐意见将印入著作。

第五批《中国社会科学博士后文库》专家推荐表 2

推荐专家姓名	郭丹彤	行政职务	
研究专长	世界史	电话	
单位	东北师范大学	邮编	
推荐成果名称	古代埃及的王权演变与丧葬习俗		
成果作者姓名	张赫名		

（对书稿的学术创新、理论价值、现实意义、政治理论倾向及是否达到出版水平等方面做出全面评价，并指出其缺点或不足）

该成果申报人张赫名是目前我国为数不多的埃及学青年学者。她从硕士研究生开始经博士研究生阶段，在长达七年的学习时间里系统地学习了埃及学的相关知识，加之勤奋苦读，为她奠定了深厚的埃及学功底。她一直从事有关古埃及来世信仰和丧葬习俗的研究，因此，有着深厚的前期研究基础。本书稿是她近年来对于该领域研究的一个总结，对于国内埃及学研究来说具有重要的推动作用。

建议作者在书稿完善的过程中，加入古埃及壁画文献，可使史料更加立体、直观。总体来说，此研究成果思路清晰，目标明确，重点难点突出，方法步骤切实可行，资料积累扎实丰富，这些能够体现出申报人具有扎实的专业基础和最后完成书稿的必备条件。希望申报人能够入选博士后文库。

特此推荐。

签字：郭丹彤

2016 年 1 月 28 日

说明：该推荐表由具有正高职称的同行专家填写。一旦推荐书稿入选《博士后文库》，推荐专家姓名及推荐意见将印入著作。